博客思出版社

夢想
在三萬英呎之上

Rachel Peng /著・攝影

目 錄

感謝　無條件在身後給我力量的家人朋友，特別是 JENNY HO 小姐。
感謝　TH LIN、JIMCHEN、SHAWN CHEN、RAY HSIEH 之照片提供。
感謝　給我機會用文字串聯起你我的讀者們，謝謝你們。

序
給夢想清單打勾。

是的，一個月的旅行即將在這裡畫上句點。

最後一個地點是法國的巴黎，欸，你怎麼有種早就猜到的感覺？

巴黎左岸的街道狹小而蜿蜒，可愛的小房子一棟接著一棟緊緊相鄰，其中幾棟房子還被綠黃色的藤蔓包圍著，藤蔓沿著牆，精力旺盛的往上攀延直到我看不到的地方。

相較於塞納河的右邊；香榭大道周圍那幾條，寬得嚇死人的馬路和不知道在奢華什麼的建築，我發自內心更喜歡左岸的聖傑曼德佩區。

沿著塞納河走，兩旁的小攤販擺放著一張張巴黎風光的畫作和明信片，太陽透過樹葉跟樹葉間的縫隙，溫和的灑在身上，十幾度的氣溫伴著微風。我只有一個人，卻笑得開心舒服。

隔著河，與巴黎聖母院相對，這裡有家小書店，書店斑駁的綠色櫥窗後，擺放著大量的外文書籍，我也沒細看到底上頭寫的是法文還是英文，就被自己的腳步帶進這家有點歲

月痕跡的書店裡。

　　裡頭堆積如山的新書、舊書、二手書、精裝版、復刻版……滿坑滿谷的藏書真的有嚇到我，櫥櫃、椅子、桌子、樓梯間甚至連廁所，所有你想的到的地方，全被書佔據，多卻不亂。

　　我走到二樓，木頭的樓梯在我上樓的時候發出嘎嘎的擠壓聲，二樓正前方擺了面幾乎到地的全身鏡，我看著鏡中的自己被身後大量的書本包圍著，在書牆前我看起來好渺小，這感覺也太他媽的棒了吧！旁邊站在書梯上的小孩突然回頭看了我一眼，啊，原來我剛剛笑出聲了嗎？

　　那天離開書店時，我想寫書，這個念頭便悄悄在心裡萌芽了。

　　抬頭看了看綠色油漆的招牌，原來，這就是莎士比亞的書店 (Shakespeare and Company) 啊！

　　兩個月前的某天，我拖著行李，跟往常一樣快步的走在機場裡，無視所有與我擦身而過的乘客們。那是一個大早班，我手中拿著咖啡，心理惦記著行李箱裡的麵包，打定主意在上機前解決我所有早餐。轉過彎就是公司報到處，迎面而來的是兩個笑容幾乎拉到眉角的學妹，我們握過手打了招呼。

　　'看來是今天一起飛的 '，我想。

　　放好咖啡，安置好行李，我從包裡拿出一張 A4 大小的紙，對折再對折工整的放入信封中，嘴角上揚，一放手，「咚」一聲清脆，信落入信箱中。我也結束了我近兩年的飛行生活。

　　好多人問我，離職以後要做什麼？每每聽到這個問題，我都不知怎麼回答。

　　以後，好長。未來，好未知。而我要做的事連自己都拿不定主意了，要怎麼作答。

　　「旅行吧！」我對自己說。什麼不會，這個我最會了。

　　畢業時對美國有憧憬，於是去了美國打工旅遊；回來後想做空服員，因為想看看更多世界，於是參加面試，考去了澳門；我也不知道環遊世界到底算不算人人都有的夢，反正我是有的。

　　但世界太大，一生都走不完。

　　所以選了國家跟國家間最密集的歐洲，於是，我到了這裡，花上一個月的時間享受旅行、享受自由自在、享受轉個彎都是驚喜的風景、享受放個杯子坐在地上也沒人搭理你的無束、享受跟著素未謀面的人，一起行走時的歡笑與碰撞、享受一進到房間不曉得室友是男是女來自哪裡的新鮮、享受走在路上或是奔跑在雪地沒人認識你，那種全然是自己，完全釋放的感覺。可能，我要花一輩子的時間追尋這些，但我完全樂意，當個慣性出走的流浪者。

　　那些說來是夢的東西，只要敢做，就有機會變成現實。就算沒有十成十，也會朝著那個方向前進。敢發夢，然後行動，趁著還有熱情還有時間還有機會時，在自己的 bucket list 上，把空想變成真實，多打幾個勾勾吧？

Up in the sky

夢想與天空之間的距離

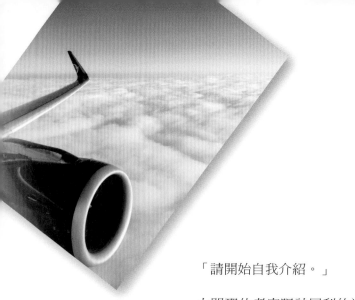

想飛。

「請開始自我介紹。」

中間那位考官眼神犀利的注視著我，或是說大家。

我們十個女生一字排開，雙手交疊於腹部前，腳站丁字步，白襯衫搭配黑色及膝的短裙，妝容完整，頭上的髮膠讓頭髮一絲不亂，全都擠出自己最美麗的笑容，雖然我知道自己的嘴角微微抽蓄，有點發抖，但還是使勁力氣對著面前三位考官燦笑。

「各位考官好，我是第六位，編號 186，目前仍是學生，就讀於逢甲大學國貿系四年級。在校時……」

我用不到一分鐘的時間，便完成了簡單的自我介紹。

在說完謝謝大家後，我左手邊的七號緊接著開始他的自我介紹，我暗暗鬆了一口氣，但眼神依然堅定面帶微笑地看著前方，有時他人講到精彩處，也會側過頭點頭微笑，表示你不是只在乎自己的表現，耳朵還是有打開聽聽別人的生平事蹟的。

簡單的面試在大家各自讀完一段英文廣播後，就這樣結束了。

十個互不相識的男女，站在會議室門外，焦躁的情緒還未散去，我們必須在外面等大約五分鐘就會知道這一關面試的結果。

　　我盯著前面一個女生的白色珍珠耳環，覺得自己真該穿個耳洞，帶個耳環顯得多有氣質多優雅阿！

　　視線再越過她，排在第三位的女生明顯比我們高出許多，我是 165 標準身高的話，她應該有 170 以上了吧！再加上高跟鞋，哇她的腿又直又細又長根本模特身材，欸對，她剛說她目前就是做模特的，但想轉換跑道圓自己從小到大的夢想，就是當個空服員。

　　其實這邊站的十個人，有九個都說自己的夢想就是能當上空姐，裡面當然也包括我。

　　在我們隊伍的右邊是個像交誼廳的空間，那裡擠滿了十個十個並排整齊，看起來還在等待面試的男女，其實裡面還是女生居多，一組十個人的隊伍裡大概只會有一個男生，或是沒有。當我們這間出來的時候，他們全都用一種複雜的眼神看像我們，有的像是在說，你們剛剛被問了什麼問題，或是真羨慕你們已經解脫了，又或是你們休想跟老娘搶飯碗之類的……

　　這時，會議室的門突然被打開，穿著素色套裝的女士走了出來，打斷了我飄忽的思緒，盯著她手上那疊對折整齊的白紙，我的胃頓時抽緊，慶幸早上我只喝了幾口咖啡，不然現在此時此刻我真的很想吐。

　　紙張被一一分到我們手中，緊張到無以復加的心情被放大到最高點，手也開始抖個不停。

「你們可以打開了。通過的等一下走廊直走到底進行體檢，沒有通過的電梯在你們後面，搭電梯下去就可以了。」

打開打開打開，我指使自己的手。

{編號 186 號　第一輪面試 ：　通過}

當下我只想大叫，原來腎上腺素在人極度喜悅的時候也會異常高漲，我覺得自己開心地快要飛起來。

「我過了。」我說道。其實不是在跟誰說，是在跟自己證實這是真的。

「恭喜妳啊。」七號在我身旁默默說道。我看著她，她的眼神真誠但閃爍，我發現我沒辦法跟她分享我的喜悅，我做不到，這太殘忍了。

除了「謝謝」我講不出其他言語，環顧四周，你可以簡單的分辨大家的狀態，誰是跟我一樣的，他們的眼神也充滿光芒，而誰的眼神裡帶著失落，難以掩飾。

我永遠也忘不了那時的場景和複雜心情，往前走的人和留在原地的人形成了極大的對比，你可以聽到一句句含著淚的祝福，又或是真的蠻不在乎的無所謂，還有頭也不回離開時的倔強；以及我們這些感覺像是中樂透難掩興奮之情的人們。

走上那條長廊時，我完全沒有想到之後還將面對的種種，只覺得自己是全天下最幸運的人。

幾個初次見面的女生互相分享著喜悅，擁抱然後小聲尖叫，信誓旦旦的說我們一起努力，一起加油到最後。

交換了聯絡方式，討論下次複試可能會遇到的問題，可以一同準備，到對方家互相練習，指點彼此之類的，討論了好久好久。

　　我和 Maggie 每次見面的時候，對未來對夢想總講得天花亂墜，兩眼發光。

　　「我最想去巴黎，你知道香榭大道上的名店多美嗎？」Maggie 的雙眼又開始冒泡泡了。「聽說那邊的 PAUL 就像路邊麵包店一樣，還有那個 Jo Malone 在那邊買很便宜，比台灣便宜多了。」

　　「我是香榭大道不知道多美啦，但是那個香水應該在英國買更便宜吧，那不是倫敦的牌子嗎？」我翻著歷屆的考古題回答到。

　　「反正在歐洲買鐵定比台灣便宜的多，而且聽說線上的姊們一定都有一罐，尤其是『梨花水』，姊的最愛，沒有之一。」她喝了口咖啡接著說：「嘿，Rachel 我們要不要先去買一罐，來試試當姊的感覺？」

　　「你三八啦！」我瞪了她一眼：「說說你為什麼想當空姐？最基本的問題。」

　　「好啦，不過等等我們一起去看看沒關係吧！」她呵呵地笑：「因為……」然後開始回答我的問題。

　　那年三月，我們常常這樣，漫遊在一間又一間的咖啡館裡，肆無忌憚的，討論著未來、規劃著以後、想著人生。

　　誰也不知道到了四月，我們的夢，就這樣沒有選擇的做完了，當時那組面試者通過的兩個人，最終沒人能走到最後。

　朝著你的目標前進你或許會感到緊張恐懼，因為期待跟失落常常是相伴而行的。

　　半夜，面對著手機，我必須把自己和被子蜷成一團才能降低不必要的焦慮感，興奮和焦慮同時在我胃裡打轉。

　　每每到這個時候，就要鼓勵自己跨出那艱難地一步，就算看似勇往直前，心中的徬徨還是如他人一樣洶湧。

　　快門鍵在你手中，要拍下怎樣的照片，決定的人還是自己。

　今年三月有如泛黃的落葉，竭盡了力氣，結局也可能不是盡如人意。但是，一件事情若是沒有遭到一定程度，連放棄都沒辦法說服自己。

一對翅膀。

　　看著手裡的名牌，上面刻著自己的名字，金底黑字。我把它對著燈來回移動，讓金色的反光反覆閃爍在眼底，這真的是我的名字，我在心裡覆誦了一遍自己的名字。

　　受訓的三個月裡，沒有一天不再盼著這一刻的到來，日日夜夜的緊繃，一週常常有五到六個考試等著你解決，一個都不能有閃失。

　　一切都必須有效率的按表操課，在規定的時間之內，你就是必須學會這麼多、這麼繁複，你從未接觸過的東西。沒有別的竅門，只有努力再努力……每當讀書讀到半夜時，常常有欲哭無淚的感覺，沒有人可以分擔你的壓力，也沒辦法跟原本生活圈的朋友訴說，沒有一同經歷是很難感同身受的，所有壓力只能靠自己消化，就算黑眼圈都掉到下巴，今天睡完覺睜開眼睛，隔天繼續面對新的一週開始。

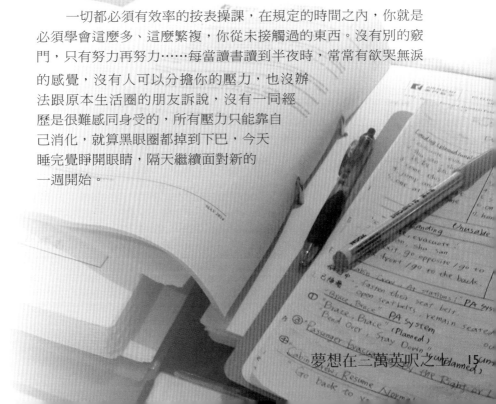

　　說實在，我這輩子從來沒有這麼用功讀書過，考高中大學都沒有。在這裡，時常深刻感覺到自己的不足，同學之間，每個人身上都可以看到各式各樣值得學習的地方。平凡如我還在慢慢學習成長中，但在這樣的環境下是不容許「慢慢」的，我必須再把自己逼的更緊一點，才能跟跟大家並肩前進。

　　努力付出還是會有收穫的，這句話雖然老套，但說得一點也沒錯。

　　看著身旁的同學們，每個人手裡握著屬於自己的翅膀，那種成就感，那種自信的、美麗的神情是多麼耀眼，我們要永遠留住那樣的光芒，存放心中。

給過了 20 歲的我們。我們要更堅定自己，強大自己的內心，走出所謂的舒適圈，讓腳步追著夢想向前，現在的我想做到的是，不問前程如何，但求落幕無悔。

　這些天你一步步的走，走過用許多細碎瑣事堆疊出來的每天，每天每天被不計其數的大小事情和訊息追著跑，跑時累了難免有輸有贏，贏就贏在你時刻處變不驚的那份心境。

SOLO。

　　那時是我脫離實習後，第一次單槍匹馬正式上陣，第一次單飛。

　　小菜鳥如我，緊張的細胞佔據了全身，連拖著行李的手都微微顫抖，我走著強裝鎮定地步伐，一步步往公司的簽到處走去，長長的走廊每一步都是沉重。挑高的天花板，接近醫院全白的牆面和鐵灰色調的長廊。

　　我看了一眼，沿著牆亂中有序，擺了一排的行李箱。這個時間點上班的人也太多了，默默在心裡嘆了口氣，心跳也加快了幾拍。

　　我把我的行李廂加進排隊的隊伍，放好行李箱後，深吸了一口氣，轉了個彎拉開笑臉，開始一一跟學姊學長們握手打招呼。

　　「您好，我叫 Rachel，是 82 梯的學妹，學姊好。」

　　今天上班的人還真不是一般的多，就在一遍又一遍的自我介紹中，我心想。

　　我們公司有一些潛規則，或是應該說每間航空公司都或多或少有這些，有點刻意又違反常理的規矩。這些無形的壓力，可把

我們這些剛上線的小菜菜們嚇得一愣一愣，好像如果你不握手哈腰附上自我介紹，每個學長姊都會把你吃了似的。這真的不誇張，關於這個打招呼呢，你必須和每個和你處在同一個空間的人握手問好，然後你可以想像，像是現在同時有六七個航班在差不多的時間點起飛，報到處就會有二三十個人，而你也不用想誰是你的學弟妹，單飛後的幾天除非你看到同梯的同學，要不放眼望去哪個不都是你要一一自我介紹的對象。所以，受訓的最後幾天，我們還要練習如何向別人問好，打招呼的音量、和對方站的距離、握手時的力道和最重要的，介紹自己的官方台詞。

今天上班前我就又預習了一遍台詞，我是 Rachel、我是 Rachel、我是 Rachel、我是 Rachel、我是 Rachel……搞得自己像老人痴呆症一樣，不知道自己是誰，如果身旁有人，鐵定覺得這人病的不輕。

好了，終於握完今天最後一雙手，我可以去抄今天的組員名單了，這也是件令小菜菜們緊張的事之一，每天跟誰飛都不是固定的，而跟誰飛將決定今天的你，身在天堂還是地獄。我快速的抄完今天的機組名單，都是一些陌生的名字，之前沒有聽同學提到過，沒有所謂大好大壞之類的吧，沒有消息就是好消息嘍，我收起筆記本。

以為工作到這邊就結束，等等可以開心上飛機了嗎？還早。我轉身拿出另一本筆記本，走到公告區，看看有什麼新的公告要記錄，再看看今天的飛機有什麼不影響飛行的小問題，這些都要一一記下，等等飛前會議的時候，乘務長可能會問，特別是點名最新的人回答，這也是一點潛規則吧，我邊抄邊想。

「秋！！！」有個宏亮的聲音叫住我「你今天飛哪裡？」

「Erica！！！」我回頭看見 Erica 開心地大叫，抓著她的手猛搖像是抓住救命稻草一樣，在公司看到同學不知道為什麼就是特別興奮。「你呢？你飛哪？」

「大阪。」她說。

「北京。」我說。

「今天的人好嗎？」她關心的問。

我連忙攤開筆記本給她審核一下。「有飛過的嗎？」Erica 指了其中一個名字，表示她有點嚴格，要我注意一點。

「那你知道這個乘務長會問什麼問題嗎？」Erica 用她充滿期待的小眼神盯著我瞧。

我看了看她的筆記本，剛好這個乘務長之前實習的時候還真的飛過，我回想了一下。

「我印象中沒什麼特別，都是一些基本的問題，不用緊張。」

我跟 Erica 走到長廊盡頭，最裡面的一間會議室，打開電腦準備抄今天各自航班上的菜單。Erica 試探性地探了探頭，轉頭給我一個放心的笑容，表示裡面沒人。準備揚起的嘴角，又回到正常的弧度。

「偷偷摸摸的感覺。」她說。

「妳把我要說的都說出來了。」我笑道：「到底為什麼我們要像做賊一樣啊！」

「因為我們菜阿！」我們相視而笑。一邊抄著今天飛機上的菜色，一邊有一搭沒一搭的閒聊，如果每一次進公司都能遇到同學就好了。

　　我看了看手錶，發現飛前會議的時間要到了。我走進一號會議室，找了個空位坐下看著今天要一起飛北京的其他組員，三個女生一個男生，排排坐好，打過招呼之後，感覺放鬆了不少，今天的人好像都不錯，至少還會對我笑。

　　翻開我的重點整理，趕緊複習一下幾個常問的飛行安全問題，臨時抱佛腳對於我們這種小菜鳥來說還是必要的，我對於自己的短期記憶還算是自信。

　　這時乘務長走了進來，我起身關上門，開始了今天的會議。

　　飛前會議大致上就是在飛前認識一下今天的機組人員是誰，今天飛行航路上天氣的狀況，了解一下今天的載客數量。乘務長會先跟大家分享，今天的飛行資訊，然後講一點希望我們在航班上注意的事項，或是有什麼特別必須注意的貴賓，然後再編列各個組員今天負責的位置，誰在前艙誰在後艙，誰主要負責餐食誰主要負責機艙，誰來做中文廣播和英文廣播等等。然後再請每個組員簡短的講講話，最後再問一下每個人最關心的飛安 Q&A 時間；答不出來的話很有可能被上級約談，誰也不想因為回答不出問題被約談，一是覺得太丟人了，二是真的太丟人了，智商受到質疑的感覺不是很好，所以每到這個環節大家總是會打起十二萬分精神。

　　現在，正輪到我回答這生死攸關的問題，我就像是在聽皇上宣布聖旨一樣地全神貫注。「告訴我緊急情況下，飛機著陸，沒有計畫時的口令。」乘務長開口。

我說完答案，緊繃的神經終於放鬆，還好剛才臨時抱了一下佛大腿。

大約三五分鐘後，我起身打開會議室的大門。

外面的空氣可真舒服，我心想。每每開會時，只要關上會議室的大門，總感覺裡面的空氣就瞬間凝結，就算剛剛一整組組員都還有說有笑，一關上門，氣氛就瞬間嚴肅起來，萬年不變的真理。

機長和副機長交代了些事情後，我們一整組人終於可以上飛機了。

一趟飛行最讓人感到壓力的時候就是這個時候，實習時的我們也是，熬過這時，上了飛機後緊繃的神經總能卸下一半，面對客人其實很簡單，只要你知道「請、謝謝、對不起。」怎麼說。懂得禮貌以禮待人，乘客通常不會為難你的。

我在一堆看似相同的行李箱中尋找我的行李箱，剛剛怎麼沒有記清楚放在哪裡呢，都要上飛機了才找不到。我那組的組員們拎了自己的行李廂都要走了，我的到底在哪裡？

目光來回搜尋，終於掃到〈I LOVE TAIWAN〉飄帶，還好有掛上它，不然估計找到飛機起飛，都找不到行李箱了。

趕緊拉上把手，準備兩步併做一步追上其他人，這時一個聲音叫住了我。

「你的飄帶哪裡買的啊？」

我回過頭，看見了一張笑咪咪的臉。

「桃園機場。」

「有嗎?」他歪著頭 。「我回台灣的時候都沒看到。」

「有啊!在書店裏面。」

我急著想走,但又不能馬上走,不然這個學長可能會覺得我不禮貌。

「第一航廈還是第二航廈呢?」他依然用他那雙笑咪咪的眼睛,盯著我和我的飄帶不疾不徐地問。

大哥啊!你真的看不出我要急死了嗎?

「一航!一航!!」這時,我已經看不到我們那組機組人員的背影了。「我要飛了!」我指了指前面,丟下一句話,頭也不回的跑了。

在我邁開步伐急起直追時,好像隱約還聽到後方傳來。

「學妹,順飛喔!」

我的第一次 SOLO 終於在表面鎮定內心慌亂的偽裝下正式開始了,也許是借了陌生學長的吉言,那天新手上路,第一次飛行的確格外順利。

親愛的天空，你好。

　　飛機在過五分鐘就要降落了，聽到機長的指示後，我們回到組員的位置上坐定，繫好把人五花大綁的安全帶後，我把目光從對面男士的睡姿轉向窗外的世界，每趟飛行的這個時候，是我最享受的時光。第一、終於可以坐下休息；第二、降落就表示再過

不久就能夠下班回家了；第三就是可以好好欣賞這百看不厭總是湛藍的天空了。

這兩三個月的時間，每天都在起飛降落中度過，不是在飛機上工作，就是在家裡的床上度過，可能身體還在適應這種工作型態，只要一下班就會呈現虛脫狀態。休假也是，根本出不了門，一定要睡到時鐘轉一圈才覺得有真正休息到。

我注視窗外的夕陽，在上萬英呎上看起來格外澄澈，紅澄澄的餘暉撒在鐵鳥的翅膀上，溫暖和諧的令人捨不得眨眼，漸層通紅的天空和變幻莫測的雲海，就算每天看著也都百看不厭。

穿過一片雲海後，飛機微微晃動了一下，衝破雲層，陸地和海洋就在眼前。視線拉回機艙內，此時大部分的乘客已經醒了，開始整理行李，手握手機看起來躍躍欲試的想準備下機了。

我們離地面越來越近，可以清楚的看到建築物的高低，高速公路上疾駛的車輛，甚至路旁的廣告電話和平房上的水塔等等。經過五個小時的飛行後，終於要回到人間了。此時起降輪也已經放下，我在心裡默數五、四、三、二、一，飛機輕輕拉起，然後被放到跑道上，開始高速滑行，這個機長或副機長的技術還真錯，我在心裡幫他們拍手。

等飛機滑行的速度稍微放慢，沒那麼震耳欲聾後，我拿起右側椅背上的話筒開始做廣播。一開始的時候會對周圍乘客的視線感到不自在，一開口就可以聽到自己的聲音迴盪在整個機艙內，對面一排的乘客也會投以好奇的光，後兩排的乘客有的會伸長脖子，有的會透過椅背的縫隙盯著你瞧，就算是這樣，久了也就習慣了。

做完廣播、制止了幾個飛機還沒停穩就想要站起來的乘客後，最後的工作就剩下送客了。

我很喜歡下機和客人說「謝謝，請慢走。」時，乘客也會回以你一個笑容，然後說謝謝，這總能掃去我一天的疲倦。不管在機上遇到什麼事情，多麼莫名其妙的奧客、極高標準嚴厲的乘務長或是愛針對新人的學長姊……。只要聽到乘客一句發自內心的「謝謝」，那一切枝微末節的小事都能一笑置之，雲淡風輕的放下。菜菜如我們，別人不針對你針對誰，只要讓自己進步再進步，直到別人無話可說就好。

最後一個乘客從我面前走過，「掰掰，慢走喔！」我點頭微笑。

今天的飛行也順利地結束了，一次一次飛行都有越來越上手的感覺，心情也是晴天。

和其他組員們一起，快速收拾完行李箱，愉悅的拉著行李拎著包，走出機艙。

明天見啦！ 親愛的天空。

最喜歡藍色，因為那是天空的顏色

Show your true colors

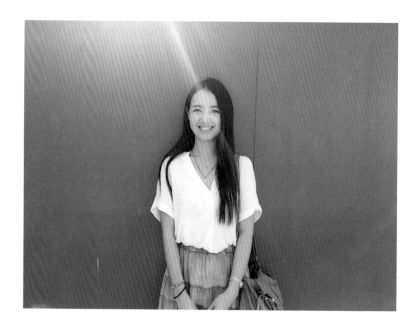

每天，它在跑道上猛跑之後，起飛了。

很快，腳下繁華的燈火人間就消失在視線內。

就這樣一直飛不間斷的飛，在海洋和陸地之上。

看向窗外，映在眼底的，便是永遠看不膩的美好。

你為這片天空放棄了多少，也獲得了多少。

夢想在三萬英呎之上　　29

未知。

　　一趟、十趟、三十趟、一百趟⋯⋯每天每天的過，累積了無數次的飛行，其實從超過十趟開始就記不清了。

　　每天在差不多的機型上，做著差不多的事，大概過了三個月之後，也就能做到的得心應手了。雖然每趟看似相同的飛行，但其實又有很多的不同；像是客人鐵定不同，除非真的很巧，剛好載到同一批旅客，不然大部分跟你說「好巧喔！上次也是給你載。」的乘客，有一半的機率是，他們真的覺

得我們都長得一樣，另一種可能就是，他很想跟你做朋友；每天的組員調配也都不一樣，剛飛的時候可能，一整組組員沒有一個認識的，那時就會覺得有點寂寞外加不安。但飛了一陣子後，這種情況就比較不會發生，至少都有幾個是認識的；而每趟旅程會發生的事情也都是不可預期的，有時當你焦慮地認為會大延誤時，飛機就奇蹟似的開始後推滑行了，而有時明明就只是飛個短班，也可以搞到精神耗弱。

現在回想起來，印象深刻的幾次飛行，其中一次是個颱風天的夜晚，我們要從高雄飛澳門。飛前會議時，機長就已經告知今天有可能飛不成，如果情況不允許降落的話，便會折返回高雄，讓我們心中有個底。

高雄飛澳門飛時僅一個多小時，在我們服務做到一半時，突然聽到駕駛艙傳來的指令 "Cabin crew take your sit."。我們立刻放下手邊的東西，找了最近的位置坐下，繫好安全帶。當時我靠近第三安全門，於是趕緊坐在安全門旁組員的座位上，手上還拿著收到一半的空紙杯和托盤。心想還好收餐都收得差不多了，餐車也全推回安置在後面的廚房裡，不然聽到這個口令，我們必須停止所有服務，坐下繫好安全帶，先保護好自己，如果還有餐車真的會手忙腳亂。

我才剛繫好安全帶坐定，氣流就席捲而來，飛機整個垂直下墜了幾尺，像是有人在機身上重重往下壓一樣，胃有點輕飄飄的感覺，整個飛機的人都發出驚呼，有女人尖叫，小嬰兒開始嚎啕大哭，但這一下震動還沒結束，大大小小的氣流仍時不時出現，讓飛機時而向左，時而向右傾斜。

第一次，我感到害怕，感到隨時性命攸關。窗外的閃電

一閃一閃地沒有間斷過，一次次的照亮一片漆黑的夜空，真的很害怕哪個閃失，就這麼幸運我們的飛機可能被擊中。灰黑色的烏雲，風暴式的線條，我們整個深陷其中，怎麼飛都飛不出去。

我把安全帶抓得死緊，好像它是我的救命稻草，也是第一次，我在飛機上聚精會神的默背緊急逃身安全的所有流程。

這個時候，「叮咚」所有組員座位旁的電話亮起，我拿起話筒，裡頭傳來乘務長明確的指示，機長要嘗試降落澳門，要我們不要再起身走動一直到降落，也要確保所有乘客都是坐在座位上的。

「有什麼情況嗎？」坐在對面的乘客焦急的問。坐在他身旁的女友手緊緊地抓著他，也一樣憂慮地看著我。

「我們要嘗試降落澳門。」我掛上電話，回答他們。

「……這樣可以降落嗎？」他身旁一臉憂慮的女友問。

其實我也很想知道，到底能不能降落，但說真的沒人能知道。

「機長目前判定可以降落，所以等等會依情況嘗試降落。」我回答，然後看向黑漆漆窗外，以免被察覺，和他們同樣不安的眼神。

就這樣持續搖晃了二十幾分鐘，盤旋在吞噬人的黑暗裡，機艙外雷電交加，機艙內孩子們不停的哭，不知道哪個

女人時不時發出尖叫，還是都是不同人，我也無從得知。

這二十幾分鐘就像是過了一世紀這麼久，最後，總算是，成功的、安全的碰到地面，降落在機場跑道上了。

當我拿起話筒廣播道：「各位貴賓，歡迎來到澳門……」

這瞬間，全機爆出的掌聲和歡呼聲，讓我幾乎說不下去，剛才的一個多小時裡，全機上百人是緊緊綁在一起的，我相信不是只有我有這樣的感覺，不然此時此刻不會有大家激動的歡呼，除了感動我不知道該用什麼言語形容。

我深吸一口氣，趕緊整理好情緒，把廣播做完。

凌晨 01：35 分降落在澳門，被颱風外圍環流影響，風雨大。降落時嚴重左右傾斜，在所有人嚇出一身冷汗，歡呼聲夾雜著小孩的哭聲中，我們平安降落，感謝上帝，感謝爸媽。

晚安。

飛翔可以是憂鬱的

可以是幸福的

可以是盡興的

可以是開心的

可以是不安的

可以是興奮的

…

而現在的我是第一者

從前第一次出國的我，腳步興奮的走在第二航廈的大廳，眼前一大面落地窗，窗外整排整片的飛機停在那頭，視線完全被吸引，心中的開心完全寫在臉上。

「哇！飛機耶～」邊指著邊看著家人傻笑。

飛機對大部分的人來講，都是有吸引力的，從小就開始，雖然原因不明。

可能因為人沒有翅膀，它成了我們的翅膀；可能它讓世界各地的距離縮短了好幾倍；可能讓人仰視的東西都有種夢想的感覺。

總想著，那些在飛機裡頭的人，頭頂著星空，腳下是人間，他從中間飛過，心裡是何等感受？

前陣子看了一部電影，它說，活在天空裡比較輕鬆。

Seniority。

相信即使不再這個行業的人也聽說過，所謂航空業存在的學長姐制度。

實際走一遭後發現，確實如此。

這道隱形的制度綁著我們所有人，特別是剛上線的小菜鳥們，看到工號靠後的都會稍微被盯緊一點，這其實很正常，就像每個公司會特別注意新人的言行舉止一樣。

但比較沒那麼合乎邏輯的是，拿走路來說，工號越靠後的走最後，學長姐走前面，雖然沒有明文規定，學妹不能走學姊前面，但大家都還是會默默地這麼做，如果學妹超車，可能會被認為是不禮讓學長姊，沒大沒小。

進電梯時，學弟妹們會扶住電梯門，讓前輩先進到電梯裡，自己在最後進去。機長們時常會嘲笑我們這種行為，想想其實很不合裡，原本走最後的菜鳥，卻要搶在乘務長按電梯前先行一步，那最後的加速度可是要多快啊！所以我剛開始飛的時候，都跑得氣喘吁吁還要裝沒事。

有時甚至會出現，太多人搶著扶電梯門的情況，可能同時有好幾個新人，一個人這麼做了若是另一個不跟上，會顯

得不做的那個人多不懂規矩啊！

　　機長就老笑我們說，一台電梯到底要多少人扶門，是沒人壓門就進不了電梯了嗎？到底是多怕被夾到呢？其實那個畫面旁人看來一定會覺得莫名其妙，一群人擠在電梯口，不知道誰該先進去，你推我請得真的很可笑。

　　在機上的無形的規矩也有很多，像是推餐車時，新人一定是站靠乘客先出去那頭，搭配得組員站另一頭幫忙推餐車。收餐的時候更是幾乎沒有例外，因為先出去那頭必須將餐收進餐車裡，後出去的只需將餐收齊，遞給對面的人而已，所以理當先出去那頭的工作量要比另一邊大，這就是為什麼學弟妹總要站前頭的原因了。

　　但我就不喜歡遵守這個潛規則，在人多的時候，有些剛飛不久的新手，一緊張什麼都做不好，動作越來越慢，還不如我在前面沒辛苦多少，但節奏可以自己掌控。

　　服務完客人時吃飯、喝水也有玄機，最小的組員要去前面拿餐給其餘的組員選，選餐時都會從最大的那個開始選起，然後以此類推。選完後，也不要急著吃，leading 還沒吃你就也要耐著不動，再餓也一樣忍著，不然就又是沒禮貌的 junior 了。喝飲料前最好也先問一下前輩要不要喝，然後再倒自己的。絕對不能自顧自的痛快吃痛快喝，就算當下沒人說什麼，但之後的輿論壓力也是很可怕的。

　　我自己遇過最嚴重的一次衝突，是我才剛飛沒多久的時候。

　　那天飛了一個四段班結束後，大夥疲累的拖著行李箱回

報到處開飛後會議。當時報到處擠滿了人，我匆匆握了前三個人的手，就跟著我們的組員到會議室裡開會了。

當時還在慶幸，人生第一個四段班出乎我意料的順利，乘務長也說大家都表現得很好趕緊回家休息時，完全沒料到後面得劇情是這樣的。

我以放鬆的心情打開會議室的大門，一個滿臉不屑，推估應該是資深學姊的組員站在門口，雙手抱在胸前，兩隻眼睛惡狠狠地瞪著我猛瞧，也不說話，接著掃了我的名牌一眼，就這樣來回打量了一陣。

我也不疑有他，想說也不知道面前這個人誰，就伸出手先介紹一下自己準沒錯的。

「妳叫 Rachel 是吧！」眼前不知名的學姊用充滿輕視的語氣說。

果然不是我會錯意，面前這人的確是來找碴的。

我點點頭回應：「是的。」

還沒等我請教她的名字，學姊就接連問了更多問題。

「妳剛進來時有跟我握手嗎？」

「妳知道要主動跟學長姐握手嗎？」

「妳飛多久了？懂不懂規矩？有沒有禮貌啊？」

「沒人教過妳要跟所有人打招呼嗎？還是妳只跟乘務長

握手而已？」

面對她接二連三的炮火，我完全沒有解釋的空間。就算給了我時間，我當下可能也腦筋空白，說不出一句完整的句子。

她講話的音量之大，語速之快，就是要讓整個辦公室的人聽見，讓整個報到處的人都知道有個 junior 沒大沒小，而她正在教訓這個人。

一瞬間，包括組員、機長、辦公室裡值班人員還有我們會議室裡的人，就是全部的人目光都聚焦在我身上。

我其實有點記不清當下的反應，只覺得一切發生的太突然，怎麼世界突然就風雲變色了。

「還不去跟每個人從頭握手！！！」她的聲音如同獅吼：「從門口開始一個一個握！！！」

我想我當時一定是嚇白了臉，硬撐著走到每個學姊面前，伸出手一一介紹自己的。在不知道握了幾雙手之後，我那天的乘務長看不下去，終於出手相救了。

想起來真的很謝謝她，她幫我解釋說，因為當時她領著全組員急著要開飛後會議，所以才會沒時間一一打招呼的。事實情況也是如此，但當時我完全不敢解釋，只能低頭說「對不起」而已。因為根據前人的經歷，你要是越解釋，鐵定死得越慘。

Shinning 夾在中間幫我和那位不知名的學姊解釋，我還

是硬著頭皮，繼續握下一個人的手，每個和我握手對視的人表情都十分微妙；有些像是同情，有些則像是在說你活該。

　　就算是乘務長幫我說話，那位學姊似乎也不願意就這樣放過我，「我記得妳了！！」在 Shinning 阻止我繼續握手把我拉走後，我聽到身後傳來這樣的聲音。

　　「看把妳嚇的臉都白了……」Shinning 拉著我的手，一臉心疼的看著我：「別往心裡去，Nicole 這個人就是這樣，來的快去的快，下次再好好和她說就好，知道嗎？」

　　乘務長像媽媽一樣的安撫我，剛一起飛完的組員也在旁陪著我，我是不知道臉到底可不可以嚇白，但我敢肯定的是，當場的臉色鐵定也不會好到哪裡去。

　　當時可能有點驚嚇過度，怎麼回到家的已經記不得了，甚至連那個學姊的臉也覺得很模糊。而驚嚇過後帶來的情緒是憤怒，非常的憤怒，無從發洩的憤怒，因委屈而起的憤怒。

　　但憤努歸憤怒，從那次以後我還是沒骨氣的，更加遵守這些不具名的潛規則了。

　　而更可怕的巧合是，隔天我的組員名單一改，又遇上那名來自地獄的學姊，還要一起飛。全公司這麼多人，為什麼命運就是如此捉弄人呢？我暗自在心裡哭泣然後埋怨天意。

　　那天飛的時候又發生什麼事呢？我和那位學姊之後怎麼樣了？怎麼化解兩人的尷尬呢？甚至是怎麼變得關係好呢？這又是另一篇故事了。

只能說在這裡，就連不在意這些的人都會被逼著在意，也許人人都是迫於無奈，但人人還是全乖乖這麼做了。我們公司是這樣，起源是來自於以前的管理階層，因為主管是新加波人而且待過新航，所以把那邊的制度也一並帶了過來。

　　也許歐美、中東其他國家航空業相較之下自由，沒有這麼多前輩後輩的束縛，但身為亞洲人，長在亞洲區，亞洲的其他公司怎麼樣，只能說有的甚至更制式、更嚴格，然而具體怎麼樣我也是聽別人道聽塗說了。

機上大小事

「您好 歡迎登機」

「我要毛毯」

「…」

「需要報紙嗎」

「我要熱水」

「…」

「先生 我們起飛降落的時候
不能換位子的喔」

「那是你們 我們現在就是要
換位子」

「…」

「…」

「…」

　　　為什麼就是聽不懂我們
說的……

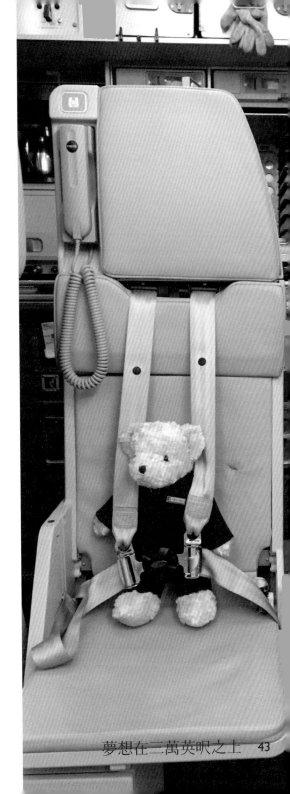

夢想在三萬英呎之上　**43**

跟行李箱分不開
的生活。

　　可能跟大部分人想的一樣，我覺得這份工作最棒的一個地方，就是能一邊工作一邊看世界。對熱愛旅行的人而言，這樣的附送條件足以讓這個工作，成為人人口中的 "Dream Job" 了。

　　雖然我們航空公司的航線都屬亞洲區居多，而且還是內地占大多數，偶爾有一個韓國過夜班就像天上掉下來的禮物一樣開心，飛個日本能在免稅商店裡大肆購物，然後吃吃外站送上來可口的日本餐，也覺得心滿意足。而誰又會想到有一天，我會跟內地各大都市這麼熟，而且還開始入境隨俗，吃起各種當地食物，從吃不得一點辣，到現在成了一個無辣不歡的人呢。

　　今天在上海過夜特別開心，一個原因是因為上海飯店的床，是我入住過無數飯店後始終的第一名，公認的好睡，在這裡總能一覺到天亮，隔天精神滿滿的去上班；另一個原因就是今天能見到，我在美國打工旅遊時的好姊妹。在美國生活的那幾個月可以說是天天膩在一起，當她要離開時我們難過地抱在一起大哭，最後送別時，完全不敢再看對方的眼睛，怕情緒又一發不可收拾。會這麼難過是因為，她在上海，我在台灣。總覺得要見一面登天難，但這個工作讓我有了機會，能夠在不同的城市見到本來很難再相聚的人們，這也是我最最珍惜的。

招呼過同房的學姊後，我換了身衣服就急急地出門了，雖然和小錢約好的時間還早，但先搭地鐵到外灘附近晃晃也蠻好的。對我來說在大城市裡流浪總是很舒服放鬆，心裡裝著的東西也能獲得某種程度的釋放，反正我很喜歡就是了。

　　傍晚的外灘很美，夕陽柔和的光暈均勻的灑在一棟棟高低建築形成的城市天際線上，美不勝收。海風吹來，我扶在瞭望台邊上，擁抱面前的一切，享受這個工作帶來的美好。

　　外站過夜班時常能帶來各種驚喜，有一次因為久久沒飛韓國，加上剛好遇上換季特價，其實也沒那麼多理由，反正我就是跟著組員一起買瘋。到了晚上最後一站逛超市時，身上幾乎沒有任何現金了，但沒關係，我還有卡。於是我們推著購物車，開始採買各種零食，每個組員一下這個好吃、那個一定要買的拿了一整車的「生活必需品」。

　　我們一共三個組員，心滿意足的推著堆的像小山一樣高的推車去結帳。刷完第一個組員的東西要付錢時，發現她的卡刷不過，只能付現。她把全身上下的現金拿出來後還差 5000 韓元，大約一兩百台幣。由於另一個組員沒帶卡，身上的現金算得剛剛好買自己的東西，所以沒辦法。反正我有卡，於是我就把僅剩的五千韓元大大方方的給了她。

　　輪到我結帳買單時，就悲劇了……我、的、卡、也、刷、不、過！！！身在異地也不能去領錢，我身上就只有那張卡，沒半毛現金，兩個唯一的幫手此時也身無分文，一個錢剛好花完，另一個卡同樣沒辦法刷。我們三個站在收銀台前完全石化，不知該怎麼辦好，應該說也不能怎麼辦。於是我們乖乖把東西歸位，丟臉丟到家的我，最後什麼也沒買成就這樣離開了超市。

另外兩人看我神情落寞太可憐，還分別塞給我兩包零食，真的是天使來著。

　　還有一次，我拖著輕微感冒的身體去飛，沒想到到了外站時，病情加重，本來還想出門走走的，根本走不出房門，癱在床上整個人頭暈到很想吐。平常飛機下降時，耳朵根本不會有任何感覺的，今天卻異常腫脹不適，到了飯店都還在耳鳴。

　　反正我本來以為自己是鐵打身體，經過那一次以後就不再這麼認為了。人在虛弱的時候真的很需要安慰，偏偏這時候飯店的網路不通，打給誰都打不出去，只是想聽聽家人朋友的聲音都沒辦法。

　　算了，這剛好是要讓我專心休息睡覺吧，我只好安慰自己。

　　同房的組員出門後，我就開始昏睡，但睡睡醒醒，有時覺得渾身發燙被自己熱醒，有時覺得反胃到浴室乾嘔，不知道沒吃東西到底為什麼還會這麼想吐。就這樣被自己折騰了一天，突然覺得怎麼這麼悲慘，一個人在外面是生是死都沒人關心，悲從中來的開始默默流淚，哭著哭著就這樣又睡著了。

　　再次醒來已經晚上九點多了，我的同房室友也已經回來。她發現我醒了，立刻過來問我有沒有好一點。

　　「我買了粥給你，如果舒服一點了，多少去吃一些喔！」她坐在我床邊，輕聲對我說。

　　我看著桌上塑膠袋裝著還沒拆開的粥，突然覺得好感動，又開始眼眶泛淚，可能病人真的比較容易感動。

我偷偷收起感動，怕嚇到我的好室友，然後跟她說真的很謝謝。

　　那是我第一次跟她飛，也就只是簡單的聊了一下天，沒什麼交集。那碗什麼也沒加的白粥，吃起來特別暖和，當時那碗粥在心裡的滋味卻讓我到現在都沒有忘記。

　　我低頭看了錶，發現和小錢約的時間快到了，離開炫目迷人的外灘，往南京東路步行區的某處餐廳走去，仍一邊想著每趟飛行經過的種種酸甜苦辣；因為載到喜歡的明星沒辦法克制的興奮、打開機艙門雪飄進來的美麗、和同學一起在外站過夜的開心、遇到魔王人物一起飛的全程緊繃、服務時接觸各式各樣客人的有趣新鮮……這就是為什麼喜歡飛，喜歡過這種跟行李箱分不開的生活，拉著它穿梭在一個又一個不同的城市間，不分晝夜，每天都擁抱著這片天空。

　　「Rachel，這裡。」循著聲音的方向看去，朋友熟悉的笑臉就在那裏。

　　「好久不見。」我說。

深深的呼吸 然後打開眼睛

走過多少次的機場 為何陽光灑下的瞬間還是覺得美

抬頭就能夠看見天空，看見我們每個人的旅程

一樣米養百樣人。

　　空服員這個工作，你會在一天之內接觸到很多很多，真的很多人，不到上千的話也已經過百了。拿一般中小型飛機作為例，空中巴士 A320 系列座位數在 200 以內，簡單一個來回兩段班，接觸的人數就已達 400 人上下，若飛個三段班人數又要再往上加。

　　我剛進公司的時候，公司還有另組員聞風喪膽的四段班存在，飛時不多乘客又幾乎段段滿，一整天就像在打仗一樣，不停起飛降落、登機送客，熬到下班時都會有種元神散盡的感覺，而在經過機長們努力不懈的爭取下，這磨人的航班終於消失了。

　　若先撇開客人這邊不說，每天工作時接觸的組員也不計其數，再加上我們公司是外商，一起飛的組員總來自不同國籍，中國、日本、韓國、菲律賓、港澳，還有我們台灣。機長的話就還要算上，澳洲、美國、印尼、印度和歐洲等不同國家了，為數最多的機長和副機長來自法國以及義大利。

　　像今天飛 A321 機組人員加在一起僅八人，全來自不同國家。機長是個人很好的義大利人叫 Cameron，會說他人很好是因為在我 SNY 也就是實習試飛時，他主動詢問我和另一個 SNY 組員有沒有興趣到機長室看起飛和降落。雖然他可能不記得我了，

但我永遠記得他當時對新進組員釋出的善意。

副機長叫 Michael，我也是第一次飛，但聽人說他花名在外，很會逗弄組員，下班時愛接送女生回家，但這只是純屬聽說待稍後親自查證。

乘務長是菲律賓籍的 Donnabell，leading 是韓國人叫 Jenny，其餘四名組員分別來自中國、日本、澳門以及台灣代表的我。

和不同國籍的組員打交道會有不同要注意的細節，比如跟韓國人共識時，如果他是你的學長姊，你必須主動和他們打招呼，依我們公司的規定就是要主動和他們握手；不是說不是韓國人就不用握手，而是遇到韓國人更要特別注意這個長幼有序的禮節。

很多組員不是那麼在意這點條條框框，但大部分的韓籍組員仍非常重視這一點，就算表面不說，私下在群裡沒準就被記上一筆，所以還是小心做人為上。

而如果你是任何一個韓籍組員的學長姐，那又是另一個版本的故事了，他們對你包準恭恭敬敬，見到你笑的那是一個燦爛，都開始擔心他下巴有沒有脫臼的風險了。

本來只是聽人說還不是那麼相信，但實際經歷過真的很讓人印象深刻。

某天，在報到處遇到那個出了名臭臉的韓國乘務長 Siena，我和我的同梯連忙三步作兩步的跑上前握手打招呼。她回過頭面對我們時那種輕視又嫌棄的表情，我可能一輩子都學不來。簡單自我介紹完，她抽回冰冷的手配上她冰冷冷的表情堪稱一

絕，讓人發自內心的打顫。

　　更可怕的事，當 Siena 迎來身後一個比她更資深的乘務長時，她的那張臉甚至比專業京劇變臉還要迅速，立刻換上甜不死人也甜死螞蟻的笑容。

　　看著她一臉熱情地跟資深的乘務長聊天，我和同梯的 Vivi 吃驚的望了彼此一眼便面面相覷的離開了人多是非多之處，躲到了一間小會議室。

　　相較於 Siena 這般專業的變臉女王，今天一起飛的 Leading Jenny 就可親很多，只要之前和她飛過，打過招呼有了印象，其實再飛到也不用那麼神經兮兮。但這樣帶來另一個問題，那就是，如果你明明跟這個人飛過，但你卻無法判斷她到底記不記得你的這種情況，就要自己拿捏清楚，畢竟每天跟這麼多不同的組員飛，誰是誰常常會記不清。

　　對我這種有點臉盲的，患有人臉辨識障礙的人更是一大考驗；特別是在對認韓國組員這一方面，他們有些人對我來說真的是一個模子刻出來了，大家都長的不分軒輊……恩，成語好像不是這樣用的。反正對我來講他們全都長得像一家人姐姐妹妹，表姊表妹似的。

　　再來講到日本籍的組員也有一個特點，就是對人客氣、溫馴，別人講什麼都會附和，點頭如搗蒜的說「嗨依」乘以三次。學姐也待人比較和氣，學妹更是乖得離譜，這樣聽起來感覺好很多，也確實如此，但這樣對你畢恭畢敬相敬如賓的日本組員，讓你完全看不出她真實的想法，不知道是真心實意對你呢，還是只是表面做做樣子，她們把自己隱藏得很好。

但這也都還可以接受，不是每個人都有義務對他人敞開心胸的，愛怎樣就怎樣不妨礙他人就好，可真正讓我驚訝的還不是這樣。會說日本人上班和下班簡直是兩個人，還真不是無憑無據的。

又某次，和一個日本學妹飛完半夜的泰國班，下班時間大概是凌晨一點後。那天我們班在 Altira 三十八樓的 Lounge bar 有場歡送會，全班一半以上的人都會到場，所以就算再晚下班，拖著疲憊的身體我還是要出現一下的。

換上準備在行李箱裡的衣服，我直接拖著行李箱連家都沒回的就過去了。到了酒吧我驚訝的發現剛剛一起飛的那個日本籍學妹 Miya 也在，此刻的她已換上深 V 高衩的黑色小禮服，在撞球桌邊上和一名外國男子聊著天，滿臉春風笑的叮鈴噹響，和剛才上班時無辜小白兔的模樣差了十萬八千里。

「那個是 Miya 沒錯吧！」我用手肘碰了一下身旁的同學。

很會認人的 Ailsa，仔細看了一下確認無誤。Miya 怎麼有辦法比我快到也是個謎，我已經用我最快的速度趕過來了，和剛飛完狼狽的我相比，Miya 的狀態好得像剛起床化好妝，散發著濃濃女人味，為 party 而生的姿態。

「她好像比妳早到個十分鐘吧！」Cindy 也湊上來表示。

隨著日本學妹與外國男子的互動越發親密，我們幾個靠在吧檯邊閒聊的學姐也聊得起盡。

「唉唉！ 你看那個男生的手⋯⋯」同學 A 驚呼。

「天啊！ 這姿勢也太⋯⋯銷魂了吧⋯⋯」同學 B 感嘆。

「有沒有搞錯，這算是公共場合吧！」同學 C 抱怨。

「你們知道，我剛剛才和他飛完嗎⋯⋯」我悠悠地補上一句。

桌球台邊的學妹手拿著球桿，彎下腰婀娜的翹著臀準備打球，後頭的男士一點縫隙也沒有的緊貼著她，其中一手像是在教她打球而另一手則紮實的撫摸著年輕女性的臀部，滿臉享受。

一男一女完全陶醉在彼此曖昧的氛圍之中，這真的是剛才飛機上，乖巧聽話笑起來人畜無害，一害羞就會臉紅的小學妹嗎？我發自內心的感到困惑，若不是眼見為實，如果有人跟我這樣說 Miya 我還真不會相信的。

飛得更久了之後，我們才更了解到普遍的日本人確實如此，工作和私下天差地遠，可能大部分的人都是如此，但我必須說日本人真的特別嚴重。

而和大陸同事的相處，只要不提到政治立場，大部分的人都滿好應對的。他們大多直來直往，喜歡你就喜歡你，不喜歡你也會表現得很明顯，很好弄懂，這點也是有好有壞，但對我來說可能反而喜歡他們這樣的直接。好惡分明，不用小心翼翼的瞎猜。

香港和澳門當地的同事又再更隨和好相處一點，大咧咧的沒什麼地雷，而且講著一口流利的廣東話，不知道為什麼特別有喜感，生活了幾年也在當地學了一點，聽已經沒什麼問題了，但說的話可能還是停留在「請、謝謝、對不起」這個階段，再

外加自家地址，和計程車司機交流起來才不會有問題，不然聽你滿口普通話，除了可能聽不懂之外，還可能覺得你是好騙的觀光客，多繞點路也不一定。

所以說，和不同國籍的人相處久了，就可以抓到不同民族的民族性和文化上的差異。就算只是亞洲之間對比，也很有趣。

今天飛的組員雖然都來自不同國家，但工作起來還是很舒服，大家都用不是那麼深奧的英文聊著天或交代事情，交流起來也沒有任何障礙，等等落地北京後大夥還約著一快去吃北京烤鴨，想想就覺得很開心。

最後還有一件事情得到證實，那名花名在外的法國副機長，果然不負眾望坐實花花公子這個寶座了。

好了，拉著輕盈的行李箱走在灑滿陽光的北京機場，我知道烤鴨還在等著我呢！

待客之道。

飛這麼些天了，如果有人問我，最不喜歡飛什麼航班？

我會毫不猶豫的回答，越南班。

不是因為對越南有什麼成見，更不是對越南人有什麼成見，而是這個航班的時間和乘客。

先說時間，我們公司飛越南的時間總是掐在，晚上十點去凌晨兩點之間回，飛時短又必須爆肝服務客人，雖然越南短班的服務流程簡單，但下班時間真的很不討喜，兩點多下班，真正回家洗好澡卸完妝，睡到覺的時間可能都要到四點多了。

再加上最大的影響因素還是航班上的乘客了，你一定很想問乘客每次都不一樣，為什麼會不喜歡特定航班的乘客呢？這其實也算是個不能說的秘密，我們公司的這個航班，載的乘客大多是在當地沒有工作居留證的人搭乘的航班，他們用這樣出境入境的紀錄來保持自己的簽證不會過期，不會被當地政府驅逐出境。

這種活動紀錄大約每兩星期要完成一次，辦法很簡單，就是買一張當天越南來回機票，原機去原機回，所以我們當天的來回班載的大多是同一批乘客。

沒有工作居留證，卻還要長期留在當地的人，原因是什麼也就不言而喻了。

　　當然這樣乘客的素質是怎樣的，也是可想而知。我第一次飛這個航班的時候就受了不小的驚嚇。

　　一個看起來醉醺醺的女子出現在航班上，穿著可以說是……非常、非常、非常的清涼，裙子短的半顆屁股都若隱若現，蹬著站都有困難恨天高的高跟鞋，一雙白嫩修長的腿，這般養眼讓坐在她身旁不知道什麼工作的男人，色瞇瞇的盯著她不放。

　　像這樣一個滿臉通紅還眼神渙散的人，也不清楚是如何通過海關的，來到飛機上眼看就是一個麻煩，leading 在我身後說了兩句，沒想到還真應驗了。

　　這個女乘客在起飛後吐的稀里糊塗，在客艙裡不斷大聲唱歌講話，最後還依偎在隔壁男乘客的懷裡，而男乘客看起來很是歡喜，一路就照顧到回程下飛機，其他組員甚至說經過時看到毛毯下男人的手不知道在幹嘛……用想的就很不舒服。

　　這個航班最嚇人的地方是在飛機落地的時候，這群龍蛇雜處的人感覺是完全聽不懂人話，只要飛機一碰到地面，他們就像是椅子通電般，全跳起來往前艙門衝。這是一個很不安全的行為，我們必須一一讓乘客坐回座位上，用勸阻的、用廣播的、用肉身阻擋……我相信什麼方法大家都用上了，還是依然阻擋不了他們想要第一個下飛機的慾望。

　　每次落地的情形都很可怕，只要有一個人站起來，其他所有乘客就會如雨後春筍般湧現。剛看完韓國一部電影＜失速列

車＞時，真心覺得這群人像極了電影裡的喪屍，那個畫面有如電影情節，一個接著一個衝向前方，配上昏暗的緊急照明燈，很有感覺。

同樣是東南亞地區，泰國航班就正常很多。有人就說越南這個航班就是專門為這些人開的，所以時間才會總揀在凌晨十二點過後這個點，過了一天下次出境就可以多待一點的概念。

而最常發生隊組員騷擾，言語騷擾、肢體騷擾也最常在這個航班上發生。

某次飛完一個一如既往令人頭痛的越南班，隔天接了一個日本福岡的航班，兩天的感覺簡直天差地遠，平平都是在飛怎麼可以有這麼強烈的對比感。接觸完日本乘客的薰陶，我才又感覺回到正常的人世間裡了。

飛日本每次都很舒服，乘客都很乖、很安靜，要求也不多，從登機時大家都井然有序地找到自己的座位坐好，你終於可以感受到優雅地完成登機是什麼感覺了，我唯一能服務完一圈還保持頭髮一絲不亂的航班也就只有日本了。所有人講話也輕聲細語，有禮貌，英文聽不懂還會害羞地跟你抱歉。好啦！我真的很喜歡日本，也喜歡飛日本，簡直是天堂。

我喜歡日本的程度，甚至超越飛自己的國家台灣。飛台灣雖然感覺親切，還可以聽到接地氣的台語，但服務台灣客人卻不是一件那麼輕鬆的事情。我認為，只是我主觀的感受啦！台灣的乘客很容易覺得受冒犯，心思非常的細膩，稍微有哪點不順心意，就開始提筆寫客訴信。我遇過最誇張的就是，餐盒數字上的「2」字沒有朝他那邊，然後就怒氣沖沖地要客訴。

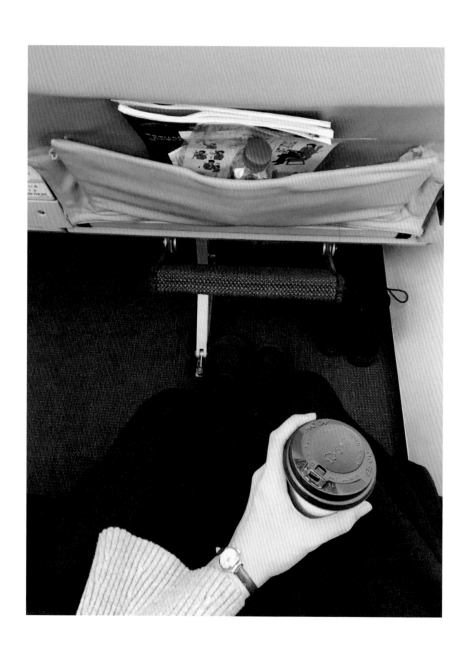

還有總是在我們很忙的時候，巴著我們聊天的也不少，也必須好好跟他聊天，聊旅遊、聊他去過哪些國家等等等，深怕他感受到一絲的不耐，等等可能就有事發生。

　　我自己是台灣人，我也很愛台灣，但還是不得不說，台灣的乘客真的，很、難、服、侍。

　　也在此祝福所有還在飛的同行，想加入該行業的朋友們，或是從事各種服務業的同仁們。遠離奧客，天天開心……恩，我好像徹底離題了……？

乏。

在這個小小的

人卻很多的地方

在這個人口密度極高的地方

為什麼我分外的

感到寂寞

藍天白雲在眼裡 都是一片灰暗

外頭的風光明媚跟我毫無關係

如果人不同了 一切都不同了

是我的問題不是我的問題我都不想追究

是你的問題不是你的問題你都沒有責任

你問我 過的好不好

我還是會回答

好

凌晨兩點下了班，下了飛機後，走在黑漆漆潮濕而悶熱的街上，可能 膽怯了

　　對自己的愚蠢膽怯……

　　回的是家嗎？

比情人更重要的人。

「Rachel！！！」Belle 的聲音隔著一扇門依然響徹雲霄。「起床了，Rachel，快起床，Rachel~~~」我真的很希望她別再叫了。

一早被高分貝的噪音加上急促的敲門聲喚醒，我真的是很愛我的室友。

「進來。」我帶著早上起床獨有男性化的嗓音說。

Belle 打開門，看著在床上要死不活的我，大咧咧的笑，然後咻一下鑽進我的被窩。

「妳不知道我昨天上夜班嗎？我早上七點才睡 ...」我掙扎的找到手機，看了一眼：「現在十一點啊！小姐饒了我吧！！妳到底要幹嘛？最好是什麼要緊的事。」邊說邊把 Belle 的腳從身上挪開。

「喔，對不起啦！我忘了妳昨天飛夜班。」她用她那帶著真摯歉意的表情看著我，誰忍心真的跟她生氣。「昨天累嗎？」

「妳說呢？曼谷大夜班有不累的嗎？」我翻了個身。

「妳今天飛什麼？」

「曼谷小夜班。」Belle 回答搭配了個貝式白眼。

「祝妳幸福。」我笑道。

然後左肩立刻挨了一拳。「妳好意思幸災樂禍。」

「欸，是誰一大清早就干擾我睡眠，都沒找你算帳了喔！」我還以顏色也補上一拳。

「好啦！正經事。」Belle 收起笑容，一臉正經的說。

我將剛睡醒失焦的雙眼盡可能對焦。

她清了清喉嚨：「我們…」她停頓，我專注地望著她。「中午吃什麼？」

……這算什麼事。「妳真的很煩。」

她哈哈大笑：「看妳緊張的，太好笑了，做了什麼虧心事，緊張什麼阿！」她繼續笑著，我也跟著笑。

「你們兩個在房間裡幹嘛啊！笑得這麼開心。」Ailsa 的聲音隔著門傳來。

Ailsa 是我的另一個室友，我們在受訓的時候便是同一間房的好夥伴，這也許是緣分吧！第一天到這裡兩兩分房的時候，她便剛好站在我旁邊。

「要一間房嗎？」反正我誰也不認識，看著身旁捲捲頭

短髮眼睫毛長長，瘦瘦高高的女生便問她。

教官一聲令下，讓我們自己尋找室友時，大家一齊二十幾個人便開始顯得有些躁動不安，與其不知所措還不如就這麼爽快的決定了，然後看大家交換著眼神竊竊私語。

我和 Ailsa 是綁定的室友關係就這麼成了，三個月的受訓結束後，我們便開始一起找房子一起租房子，繼續著共生的生活。

外頭傳來高跟鞋走動和行李拖行的聲音。

我跟 Belle 咻一下的跳下床打開房門，外頭梳妝穿戴整齊的女孩坐在客廳的沙發上。「今天飛什麼啊？」我問。

「成都。」Ailsa 喝了口豆漿，同時看了看手錶：「再五分鐘就要出門了。」

「今天跟誰飛？」

「恩，剛剛查了。乘務長是澳門人，除了我之外，還有兩個台灣人跟一個韓國人，我是最菜的。」Ailsa 表示。

「我最討厭當最菜的了。」Belle 做了一個鬼臉。「不過妳也太好，這趟飛有三個台灣人耶，好好喔！」

「不過今天我好像要跟乘務長在前面……」Ailsa 一臉不安。

「怎麼了？乘務長是誰？」看出了她的不安，我一邊把可可粉倒進馬克杯裡一邊問。

「Winnie。」

「喔，天啊！」Belle 搗住嘴巴，我投以同情的眼神。

「別多想也許她會對你不錯呢？」我把熱水倒入杯中，巧克力味的香氣撲鼻而來。

「我聽說她只喜歡澳門人。」Belle 用肯定句說。

我用手肘撞了她一下，Belle 立刻閉嘴。

「好了，我差不多要出門了。」Ailsa 愁雲慘淡的拉著行李箱，踩著公司訂製的黑色高跟鞋，往門口走去。

「順飛啊！」我們朝著她離去的背影叫喊到。

她給了我們一個像是在說 " 祝我好運的 " 表情，便消失在門後了。

關上我們家有點需要上油的木門，然後坐回餐桌前繼續享用我的熱可可，很開心今天終於放假了。

「所以說，中午要吃什麼？」Belle 歪著頭，眨眨眼睛繼續追問。

我很喜歡那些在異地生活的小日子，幾個女生住在一起，就算每天的日常也很有趣。在這裡我們是同事、朋友也是彼此的家人。

二十幾個同期的同學之間感情都很好，從受訓時，一群人被丟到人生地不熟的異地開始生活。沒有朋友、沒有家人，離鄉背井下，我們就是彼此在這座不熟悉的孤島上唯一的依靠。再加上一起拚過訓練的革命情感，關係又更為緊密。

　　我常常想，如果沒有這群好姊妹、好同學陪伴，我真的沒辦法在這座孤島上生活。受委屈時沒人可以訴苦，開心時也沒人可以分享，可能不是憂鬱死，就是寂寞死。

　　每次下班飛完累得要死要活，只要回到家癱在沙發上，跟室友們有一搭沒一搭的聊天，沒形象的大笑，一天的累就會消失的無影無蹤，連自己都覺得神奇。朋友就是有這種魔力，有些時候甚至連是情人都沒辦法取代的。

　　哪天離開後，如果有人問我最捨不得的是什麼？

　　那一定是這段再平常不過卻非常可愛的日常，以及這些比家人更親近，比愛人更懂你的好朋友、好同學們了，你們會是我最最想念的風景。

　　人們總說，隨著年紀的增長，朋友會隨之遞減，而留下的就是最真的。

　　而我們，會是一輩子的，我知道。

就因為相遇本身十分難能可貴，當然珍惜也
不會只是嘴上說說。

敬承諾 敬信任 敬誤解 敬化解 敬友誼

有時候就只是需要一句話

一個心領神會的眼神

就能讓你從茫茫然無邊際的深海中上岸

從自己錯綜而迂迴的思緒裡找到出口

飛行失智症候群。

「嘿，你明天飛什麼？」

「南京，你呢？」

「我明天放假，連飛了五天終於等到放假了。」

「放幾天？」

「兩天喔！」

「好好，我忌妒你。」

「欸，你最近有沒有跟 Iven 飛到？」

「沒有耶，怎麼了嗎？」

「上次跟他飛，他跟我說他要結婚了！我整個嚇到，你知道嗎？」

「什麼！？我怎麼沒聽說，天啊！ 他還比我小耶，怎麼會這樣，好快。Iven 真的太不夠意思了，連同學都沒說。」

「哈哈，可能才剛決定吧！ 我也是前幾天跟他飛，才聽他說的。」

「我真的很久沒遇到他了，下次休假一定要約出來。」

------------------------------ 五分鐘後 ------------------------------

「欸，我明天的組員名單改了，明天跟 Iven 飛！！！」

「哈哈哈，好棒，怎麼這麼剛好。」

「我明天一定要好好問問他。」

「啊你明天飛什麼？」

「…….剛剛問過了。」

「…….」

「南京啦！」

「啊對對，南京啦！！！」

「你超誇張，剛剛才講過耶！ 啊你勒，明天上班嗎？」

「…….」

「飛什麼？」

…

「我、放、假……」

這樣的對話幾乎天天都會出現，我們將這種情況歸咎於「空中長期缺氧飛行失憶症」，拒絕承認可能只是自己健忘，然後老了的關係。

海味的雨。

澳門的雨是帶點海鮮味的雨，跟台灣鹹鹹的雨不一樣，也跟美國東岸帶有樹木樹皮味道的雨不同。

走在傾盆大雨中不帶傘，騎樓底下躲雨的人都像看瘋子一樣看我，沿路擦肩而過撐著傘的幾個人，也用一種奇怪的眼神和我相對。

一旁經過的車子搖下車窗，裡頭的人不知道對我說了些什麼。

「什麼？我聽不懂。」我對他說。

於是他把剛剛的粵語用國語再講了一遍 「為什麼不打傘？」

「因為沒帶傘啊！」我說。

「需不需要載妳一程？」他說。

我搖搖頭，表示我家就在前面而已，沒關係。

我繼續走著，現在已經從頭濕到腳了。再過兩個街口就

到家啦，我想。

終於，走進自家騎樓時，警衛叔叔匆忙的幫我開門。

裡面一個同樣也濕漉漉的阿姨看著我，兩個人加上警衛，不約而同的大笑，也不知道為什麼。

警衛叔叔問我，「怎麼淋雨回來也不去買把傘？」

「反正回家還是要洗澡啊！」我說。

Not everyday is good but there is something good in every day.

So let's be positive.

Comes and goes。

　　也不知道什麼原因，隨著年紀的增長越來越喜歡回家，還記得以前學生時期兩個月、三個月回家一次甚至半年，都不覺得太少。可是怎麼出社會工作後，只要一個月沒回家就覺得痛苦，就算只有一兩天休假，為了要回家，也不在乎一天飛了三段，累到沒氣也會拼命的再多飛一段回台灣；每次因為趕飛機搶關櫃時間跑得滿頭大汗時，不經想到以前明明只要搭幾小時的車就能回到家，卻還不知足，還總是嫌回家麻煩不願意時常回去。

　　這天又在趕往桃園機場的路上，想到等等飛回孤島，還要立刻上班就覺得鬱悶。每次放假回台灣休息都反而更累，但會接得這麼緊也沒辦法，只是因為想在台灣多待一個晚上或是幾個小時。

　　「下次回來早點說喔！」媽咪搖下車窗跟我揮手說再見，他總不記得我的班表都要等到月底才出來，所以要早點說也很難。

　　「好喔，掰掰啦！」我一手拉著行李，揮著另一隻手。「回去開車小心喔！」

媽咪比了個 ok 的手勢，留下一抹微笑便開車離去。還記得一開始的時候，每當送我去機場都會淚眼汪汪的上演一下離情依依的戲碼，現在經過長期的訓練下，習慣後真的是好很多了。

　　獨自拉著行李走進第一航廈，完全不用看的直接走到自家公司的櫃檯前，辦理登機，現在機場給我的感覺就像回家一樣熟悉，進出機場的次數真的算都算不出來。即使是在其他第一次造訪的國家，只要到了機場也會讓我有種安心的感覺，原因不明。

　　順利拿到登機證後，直接搭了手扶梯往上一層海關的方向移動，如果有時間的話，我習慣先到右手邊的星巴克買杯咖啡喝，然後坐在一旁的空位慢慢等時間，像今天就是這樣。

　　我把咖啡放到一旁，低頭正要拿出手機時，突然聽到有人叫了我的名字，正確來說應該是綽號。

　　「阿喬！！！」一個女生的聲音。

　　我抬頭尋找聲音的來源，天阿，「楊楊！！！ 怎麼會這麼巧，天阿！！！」我也喊出她高中時的小名。

　　「你怎麼會在這？」 她問。

　　「去哪玩？」我問。

　　我們都還沒回答對方的問題，便抱在一起又叫又跳，巧遇真的會讓人很興奮又激動。

我們就這樣一路聊到登機，剛好她的登機門和我隔的不遠。楊楊是我高中最好的朋友，但是畢業後就再也沒見過面了，我們問了彼此的近況，在從出社會工作後聊回以前高中時，在天台吃便當的那段時光，好多好多話根本停不下來。

　　我們在登機口前說再見，幾年過去，大家的生活已然完全不同，有些事情沒有提起感覺就像沒發生過一樣。

　　每當真切的感到時間的流逝時，都覺得不可思議，這些真實發生的事情，竟都恍如隔世。當時的心情、當時的經歷，不去碰觸好像一切都只是一堆不重要的過去，僅此而已。

　　坐在右側靠窗的位置，拖著下巴看著窗外的三萬英尺上景色，天穹依然迷人，依然那樣變幻莫測。我的思緒也依然飄忽在這蒼穹之上；非常懷念的是那些無話不說的朋友天天都在身邊，穿著醜醜的制服卻還是嘴咧咧的笑開懷；我懷念的是每天住在一起手拉手去上學，搶一個離教授不遠不近的好位子那段時光；想念的是穿著一身紅通通學士服的人們又叫又跳的相擁在一起，開心又難過的表示自己要畢業了；想念的是在異國看見的美麗風景和在那裡無拘無束瘋狂的自己；也許有一天我也會懷念不久前枯燥的 OL 上班族生活，再想起那裡的時候會是離別時同事們祝福的微笑。

　　不知不覺的歲月流逝著，不緊不慢的時間推著我們向前，有天當你猛然回過頭，才發現你已不是那個什麼什麼都不懂什麼都沒所謂，天塌下來有父母撐著的小屁孩了。

⌒ 驚覺時間就這樣過去了，好似得到了一些無形的東西，也失去了一些有形的東西。還是挺公平的 大概。

⌒ 每個人都有那麼一個地方，你會帶著滿滿的愛離開，經過一兩個月無解的消磨後，再次回到這裡。

夢想在三萬英呎之上　77

走過從前的日常。

　　刻意繞到那個每天都會經過的巷口，那扇宿舍的大門竟還是那般生鏽的朱紅。經過以前打工時的快餐店，沒有一個員工認識，唯一沒變的是老闆胖胖的身影，食物的味道沒變，只有價格漲了五塊。手邊拎著從前最愛的木瓜牛奶，擠在學生堆裡，聽著一些沒什麼營養的話題，一邊想笑一邊想著我應該還不是很突兀吧。

　　很多面孔，很多情節一一浮現在腦海，懷念是每個人都需做的事，那是幸福的滿足的事。

　　走過現在的想念。

好想停下來了。

身體在抗議，心裡在抗拒。

看著不知道在忙什麼的人群，就只是靜靜坐在那裡，說不出的倦怠，四十歲的靈魂裝在二十五歲的身體裡。

學會當個無聊的人。

「你有聽說嗎？」一個學姊神神秘秘的把我拉到廚房一角：「今天一起飛的那個學妹啊！ 就是傳說中跟兩個副機長有一腿的那個啊！」

「我沒聽說耶。」我委婉的避開話鋒，其實最近每天飛，大家都在講這件事，想不聽到都難。

「怎麼可能不知道，你們看起來很熟啊！ 剛剛不是還在聊天。」

「因為飛過幾次，所以比較熟。」

「那你們剛剛在聊什麼？」學姊繼續用發亮的眼神看著我。

她真的很窮追不捨，令人難以招架，幸好這時候另一個組員回也進到廚房，她的注意力才從我身上移開。

我假借有客人要喝果汁的原因離開廚房，先逃到客艙裡巡個幾回再回去，不想加入話題。但很不幸的，我回去時這個話題還尚未結束。

「她真的很髒耶，怎麼做得出這種事。」

「真的超蠢的，不知道公司很小一定會被傳開的嗎，我敢打賭她現在一定超後悔。」

「可是到底是哪兩個機師啊？」

「我不知道耶，只聽說是法國籍的，到底是誰啊！」

「對啊！真的很好奇……」

「欸，不過說真的，那個 Bonnie 真的長的不怎麼樣，那兩個機師怎麼吃得下去。」

「你嘴巴真的很壞耶！」

語畢她們兩同時大笑，然後轉過頭問我，知不知道那兩個機師是誰。

我搖搖頭表示不知道，她們就一臉無聊的別過頭，繼續剛剛的話題。

有的時候我不介意當個無聊的人，當身邊充斥的話題都是這些別人的八卦時，完全沒有想開口的慾望。常在想，知道這些對你會有什麼幫助嗎？為什麼總是講別人的事，講得如此津津樂道，既使別人再髒再齷齪，又跟你有什麼關係呢？

每次只要發生點什麼事情被傳開，到最後都會變得荒腔走板，而且還會出現各種不同版本。剛開始不懂時，我還會天真地問，真的嗎？怎麼有人這樣。但有時事實可能是，這

個女生跟兩個機師走在街上，運氣很差被人撞見而已。

面對這些，你當然能選擇不參與其中，但最令人困擾的是，就算你不參與，你的耳朵還是關不起來。

而這些無關緊要的事情聽多了，我認為連帶著心裡也會裝進很多雜事，感覺吵雜而不舒服。這時，記憶不是很好這點就蠻有幫助的。

看著他們講得眉飛色舞地面孔，幽幽地覺得蠻有趣的，祝福她們永遠不要發生什麼事，有一天輪到自己就好。

所以說自私的人、愛抱怨的人、喜歡說長道短的人，永遠得不到幸福。

　　期許，就算他人怎樣對你也永遠不要變得跟他們一樣。

閉上眼睛大腦還在
運作的人。

空空如也的生活了一陣，腦袋裡什麼也沒裝，只有簡單的上班下班、吃飯洗澡、打屁聊天……

覺得我要說些難過傷感的話嗎？ 說每天日復一日一成不變嗎？ 還是說生活空虛寂寞覺得冷嗎？不，其實這樣反倒很舒服也挺輕鬆的。

那你就問了，為什麼這樣還會失眠？ 欸，沒什麼煩惱的人，就沒資格失眠嗎？可能我今晚多喝了一杯咖啡，或是身體不夠累，死活也睡不著，也可能是消夜吃太飽什麼的……

看到這裡，如果你還能繼續看下去，真的是件值得鼓勵的事，因為顯然的，這就是一個大半夜睡不著的人，百般無聊地想打打字而已。

回到上題，形容自己腦袋空空，這樣好像很不好，還很笨……但空的只剩下自己這份心境，是得來不易的，所以我珍惜。能夠調適自己的內心，讓自己不鬆散、不執著，遵照內心生活，一切順其自然。

你眼睛所看到的，耳朵所聽到的，身體所感受到的，整個世界的訊息，大部分是不值得太在意的，有的甚至是垃圾。所

以為了不讓自己太累，你學聰明了，只需要感受你需要的美好的那一小部分就好了。

你想要活的喧囂，就喧囂。

你想要活的無聲，就無聲。

活得自己，最好。

扯遠了好像，喔太陽終於升起了，等了一晚上，看到慢慢亮起的天空心滿意足，睡意來了嗎？

⌒日子緩慢而快速地走著，自身與夢想間的距離，好似在寸步之間又似伸手揮舞的只是摸不著邊的虛無，忽遠忽近。

夢想之後還是夢想，為了這些，走著的不是日子而是脆弱而勇敢的希望。

　　公車穿過狹窄的街道，駛上跨海大橋，因為車窗沒關，我們的頭髮飛揚，髮絲輕拂過臉頰。

　　而這樣和諧的畫面，不一定能長久。

　　對你吐露秘密的人，不一定完全相信你。

　　總是掛著微笑的人，不一定內心善良。

　　很不願意接受這樣的事實，但又有什麼辦法，怪自己眼睛沒擦亮，總是太簡單而已。

延誤人生。

　　有些人就是怎麼飛怎麼正點，有些人呢就是天天飛天天延誤；有些人飛了一輩子也沒有任何備降的經驗，而另一些人短短三個月就備降了三次。而我呢，很不幸的就屬於後者。

　　航空業會用一個術語來形容，就是──你真的很「黑」耶！「很黑」就是指你常常遇到各種延誤，像是交通流量管制造成的延誤，或是天氣因素，遇到颱風、豪雨、大霧、陣風、結霜、下雪等等等的原因。

　　很常見的原因還有等待轉機乘客或是行李裝載，也可能是飛機出現的各種機械問題等等，會有無數的原因可能造成航班延誤，特別是飛內地的時候，更容易發生。所以每次只要飛機開始順利後推滑行，我們的內心比所有乘客都還喜悅。

　　有幾次可怕的延誤經驗，真的讓人永生難忘。其中一次是飛北京過夜班，我還記得原本預計的起飛時間是晚上的七點十分，我們一樣提早一個小時到公司準備，大約六點二十分就上了飛機。要登機前機長收到塔台通知，因為交通流量管制會延誤兩個小時起飛，聽到兩個小時有點無奈，但也還好因為客人還沒上機，就只是會很無聊而已，不至於會有可

怕的狀況發生。預計九點十分起飛的班機，機長在八點半時再次詢問了一次起飛時間，不問還好，一問之下我們整組組員都要崩潰了，得到的結果是在等兩個小時。這樣的話就是晚上十一點十分，去到北京都凌晨幾點了，我們簡直欲哭無淚，同時很同情候機室裡的那批客人，完全花錢買罪受。

乘務長怕我們餓到，很好心的讓我們把組員的飛機餐熱了，當晚餐先吃打發時間也好。於是我們一組組員就吃著飯聊著天，想說再遭也不可能遭到哪去了。殊不知，我們太樂觀了，沒過多久機長又帶來來自地獄的消息，我們航班最新的起飛時間是凌晨兩點三十分……

這時我們一整組組員已經不知道該說什麼了，這太荒唐了，這樣必須換一組人來飛，如果這樣飛下去會超時的，我們立刻跟公司反應，卻遲遲沒有什麼行動。到最後甚至一人一排座椅睡著了，真的太久太痛苦，等到將近七個小時的時候，突然廣播說要換一組組員，但是現在要先登機，我們全都半夢半醒的嚇了一跳，要登機了！？ 覺得錯愕，我們不能飛了但是要登機，想到已經被關在飛機上這麼久，等等有非常非常非常大的機率會被客人罵到死，雖然根本不是我們的問題，我用想的就很想跳機啊！

最後那天，我們跟新一批組員交接完，等到凌晨三點半才走出機艙門，從晚上六點就在飛機上，直到凌晨三點半，枯等了將近九個鐘頭，最可憐的是，花了一整天的時間，一分錢都沒有，什麼飛時都沒有就這樣回家了。明明也沒做什麼，當時卻身心俱疲的很想哭。從那次以後我一定會在行李箱裡放本書，至少又遇上這種長時間延誤還不至於無聊到死。

但剛剛講的那種延誤，還不至於令人崩潰，因為至少是空機等待，機上沒有乘客。另一種才是真正的噩夢，乘客上機後的長時間延誤，真的現在想起來還是覺得可怕。那次我們是要從天津飛出去，乘客登機完機艙門也已經關閉，這時才接到塔台消息說要原地等待三小時，這下完了，我們一做完機長廣播翻譯，機艙裡的乘客立刻開始大聲抱怨，狂按服務鈴要我們出去解釋，但其實我們也沒有別的理由，就是空中交通流量管制導致我們目前不能起飛，但這個理由乘客通常不會接受，然後就會開始說他是誰誰誰，多尊貴多 VIP，現在馬上給我開飛機，我們也就只能點頭說抱歉。

為了安撫機上乘客的情緒，乘務長決定要先供餐，希望肚子飽一點脾氣就會小一點。於是我們開始做原本起飛後的服務，發完餐、收完餐後兩個小時也就這樣過去了，本來還期望會有好消息，搞不好塔台會突然放行之類的，可是又一次證明，那只是我們的癡心妄想而已。我們得到的最新消息是要到晚上八點才能飛，根本更晚，一晚還晚了兩個小時，這些都算了，但還有一個嚴重的問題是，如果八點正又沒飛成，我們這整組組員就會因為超時沒辦法飛，如果硬飛就是違法。

我們航空公司在天津這個城市並沒有過夜班，所以沒有合作的飯店，如果要讓整組人在外站過夜的話，對我們萬事都以省錢為上的公司來說又是一筆開銷，所以公司一定會賭一把，讓我們跟乘客一起在飛機上到最後，如果順利起飛就順了他們的意。

這時用完餐的乘客們又開始大聲喧嘩，有的說不要搭了要退錢下機、有的說身體不舒服要吃藥、有的繼續要吃的喝

的、還有的吵著要見機長……大家都嚷著吵著問為什麼不能開門，我們解釋說，如果開門就要重新排隊，這樣原本等到的時間就不算數，新的起飛時間只會更晚。

　　就在將近五個小時的時候，有群看起來像黑道大哥的乘客真的開始發瘋了。一群九個平頭大漢往我們這邊走來，大聲叫囂。

　　「開門！開門！叫機長出來，他媽的把我們當狗耍啊！」

　　「老子現在就是要抽菸，立刻給老子開門，操！」

　　「誰要搭你們的破飛機，開門開門不搭了，不能一直把人關在這裡會瘋的，老子瘋起來要你們好看！」

　　「少拿幾口飯就想賭老子的嘴，立刻、給、我、開、門！！！！！」

　　……

　　……

　　他們一個接著一個不停咆哮，就算我們也明白他們的憤怒，明白我們是他們發洩憤怒的唯一出口，但事實上我們確實也無能為力，只能繼續道歉解釋現狀，就這樣無限循環五個小時，他們吵累了休息，吃飽再來吵，飛機上所有食物車、飲料車全都空了，所有能吃的東西一點不剩。

　　這一次他們的音量大的全飛機，前前後後都聽得一清二

楚，面對他們步步逼近真心覺得很嚇人，我和後面的 leader 一邊退一邊解釋，我覺得面前的大漢氣到面部猙獰，感覺隨時會爆發，我隨時有被揍的風險。

「大哥，我們也很無奈，但現在的情況就是，只要打開機艙門就必須重新排隊，先前等的時間就都白費了。」我欲哭無淚地說著，此時，退到機尾已經不能再退了。

「就跟你說老子不搭了！不搭了！！」他氣得指著我鼻子的手都在發抖，「再不開門給老子抽菸，老子就要這這裡抽了！」說著就想拿出菸，他後面的小弟不知道從哪生出打火機，飛機上是禁止攜帶打火機的，我們組員全部傻眼。

「先生，這裡不能抽菸，真的不能抽菸。」試圖阻止他。

「機上抽菸是違法的，要罰錢的，請你不要抽菸。」另一位組員說道。

但那位光頭大漢還是自顧自的作勢要點燃打火機：「老子不差那點錢……」他嘴叼著菸，打火機就放在下方，說時遲那時快，leader 一把搶過打火機。

光頭大哥立刻抓狂，一邊大罵粗話一邊揮拳，我們把手擋在身前防衛，他後面的幾個同行友人也紛紛架住他，現場一片混亂，乘務長隔著人海，在最前面試圖往我們這邊來，有人大叫有人尖叫，真沒想到做這個行業也可能被打。一陣混亂後大哥終於冷靜下來了，乘務長嚴厲的表示，如過再這樣就要請警察來了，早該請警察來的，我心想，那個凶神惡煞的眼睛是真的充滿殺氣，很嚇人。

結果那天，我們等到晚上八點還是沒飛成，全機乘客加組員都在天津過夜，明天繼續飛，想到明天還必須面對同一組乘客我就頭痛。我們至少有飯店可以住，但乘客們如何解決過夜問題我就無從得知了。到了隔天我們上機的時間是九點，真正起飛的時間是下午三點四十五，中間的波折，只能用悲慘無力形容。

　　我本身不是個迷信的人，但當延誤太常發生的時候，我還是會去廟裡拜個拜，求個飛行平安之類的。

　　因為真的被逼要走投無路，又求助無門，沒辦法花錢請塔台放行，就只好來找神明幫忙了。如果有保險公司願意讓我買個航班延誤險，我一定賺翻，請叫我黑女王。

黑女王駕到。

　　三萬英呎的高空下，飛機正在緩緩下降，我們整齊劃一地走出廚房，熟練的在降落前檢查客艙，告知乘客麼現在正在下降，他們應該做些什麼，讓客艙狀態達到合格的降落狀態。

　　在前後兩輪的「請您調直椅背、收起小桌板、打開遮陽板、繫好安全帶……」後，全機組員回到自己所屬的座位上，安靜等待愉快的下班時刻。

　　但因為今天的航班負責廣播的是我，所以我還有最後一個工作，那就是等待機長發出指示，做飛機降落前和落地後的廣播。

　　我抬手，瞄了一眼手錶，才想著應該快到目的地了吧，荷蘭機長低沉的嗓音就在整個客艙中響起。

　　「Cabin crew be seated. Five minutes to land... at Hong Kong.」

　　我拿起話筒，清了清喉嚨，沒錯，再五分鐘降落在……香港？！！！！！！

有沒有聽錯，我驚愕地看著隔著一條走道的另一名組員，她也回以同樣吃驚的表情。

說好的澳門呢？怎麼這麼輕易的就變成香港了呢？怎麼在沒有任何預警的情況下就這樣，又備降了呢？

我遲遲沒做翻譯，錯過了翻譯機長廣播的重要時間，但幾個聽明白英文的乘客們已經開始議論紛紛，而稍後在我做完中文廣播後，整個客艙如果用一句橫幅形容，那就是「大驚從早到晚失色」……

我打了通電話，詢問乘務長確認備降香港的事實，然後深吸一口氣開始做降落香港的廣播。

然後，我最可怕的飛行經驗就這麼開始了。

我心裡一直有個疑問，不知道為什麼人，人不管是什麼人，只要上了飛機，就會變得異常易怒、衝動、蠻不講理、情緒起伏極大。

此刻的我，面對著已經喊到臉紅脖子粗，漲紅著一張臉的乘客們，竟沒有一絲情緒。就算他們問候我祖宗十八代，我也只是一面道歉，一面覺得客艙裡的冷氣真的不夠強，很怕這些上火的客人罵一罵缺氧暈過去怎麼辦。

「對不起，不好意思，現在機長正在和塔台取得連繫，有任何消息我們會在第一時間告訴您的。」

「真的對不起，沒有人希望這種事發生，我也希望能降落在澳門，但真的是因為天氣情況不允許，降不下去，所以才來

香港的。」

「不是下不下雨的問題，剛才有強陣風也不能降落，如果硬降，對您也不安全，對全機的人都不安全，為了所有人的人身安全，機長才作出這樣的決定的。」

……

我解釋，我繼續解釋，我依然解釋，我不屈不撓的解釋……可能經過前幾次的洗禮，我淡定的應對後艙大半的乘客，說個不停。

「你們這樣不行的，趕快開門，我要下飛機。」

恩，上次好像也是這個問題。

「我要見機長，機長在哪？機長在哪？」

恩，到底為什麼每個人都吵著見機長呢？我也很想見他一面，但你們圍著我，根本過不去。

「你們航空爛到家了，我搭了一輩子的飛機從來沒有發生這種事，下了飛機我要你們好看，告死你們航空！！！」

恩，很抱歉讓你的完美飛行紀錄留下了污點，如果不要搭我們家飛機請便，我們也不想服務你這種客人，但我還是好心提醒你一下，因為不可抗力的天氣因素，是告不死我們的，不然所有航空公司早就倒了，謝謝。

當然，這都是我內心的獨白，這樣回答，鐵定飯碗不保。

我踮起腳，伸長脖子，尋找同樣被人海包圍的夥伴們。

遠處一抹亮紅，被一群戴著金項鍊、金錶、金牙？ 一臉誰耽誤我賭錢誰死的大漢團團圍住。我那個剛飛沒兩個月的小夥伴怎麼受的了，一臉誰來救救我，驚恐無助的神情寫滿整臉，我翻過重重人群到她身邊，雖然幫不了什麼，但起碼可以分散點砲火的攻擊。

她看我的樣子如同救世主出現，我可以感覺到抓著我的左臂微微顫抖，Caroline 死死抓著我，嘴上雖然沒說，但我清楚在她的眼神裡看出「趕快把老娘從這裡帶走」，這可憐的妹妹臉色發青、嘴唇發白，額頭上還有點點汗珠，狀態差到不行，再這樣下去精神不崩潰，身體也會吃不消的。

一般人可能不會明白，就只是被一群人團團圍住外加嚴刑逼供有這麼可怕嗎？ 答案是有的。再加上，此刻的我們已經和客人關在密閉的飛機上，足足有兩三小時之久了，什麼都做不了，連機艙門也開不了，因為我們公司在香港並沒有基地，所以沒有自己的地勤人員，必須等到香港機場派人過來，接上移動橋才能開門，但依照今天一堆飛機備降香港機場的情況，何年何月輪到我們，沒有人知道。

一般來說這種情形都是先處理有 VVIP 的航機，再來是VIP，然後再處理大公司的航班，其餘的在依照落地時間算，我們這樣半大不小的公司要排到什麼輪次，機長沒有消息，我們小小空服員也不會知道。

我們一落地就被客人圍住，每個乘客都焦急地想知道消息，各式各樣的抱怨找碴，五花八門的辱罵方式，其間還要提

供茶水及食物，而我們自己則是一口飯沒吃上，一滴水沒沾上，不要說客人受不了，我們也要受不了了。

此刻，我只想逃離面前四川大媽咆嘯的怒吼和四周助陣人海的瞪視。

留下一句「不好意思，讓一下，前面機長有新消息。」後，拉著感覺快暈過過去的 Caroline，往前艙挪動。

說巧不巧，才剛擠到前艙門旁，機艙門就被外頭的地勤人員打開，一陣風吹進原本封閉機艙內，啊，外面的世界是美麗的，混沌的腦袋頓時清楚了不少，像是嘴裡含了顆薄荷糖一般舒爽。

地勤看著我們的神情竟充滿同情，令我也好奇自己的樣子是看起來多悽慘？

「才來啊！等你們好久了。」乘務長 Tina 劈頭就說。她看起來也是滿臉了狼狽，完全沒精力打理自己分岔的瀏海和暈成煙燻妝的眼影。

「你們辛苦了，客艙都還好嗎？」

我想香港地勤環視了我們一圈，應該能得到答案。

我們要如何處理乘客問題，要如何做下一步動作？是要讓全體乘客下機還是安排起飛？有沒有補助的餐食及飲水？都指望著這名地勤人員了，沒想到的是…… 他，完全無能為力，他的工作就只是來給我們開個機艙門而已……

我們把地勤人員想的太萬能，就像機上乘客把我們想得太全能一樣，事實上，我們就只是在最前線，接受指令的人員而已。

　　乘務長一聽，怨氣深重的抱怨兩句之後，就把我們兩個小組員，趕回後艙繼續安撫乘客，自己進到機長室裡關心塔台那有沒有進一步的通知了。

　　剛吸了口外面世界的空氣，又要回去跟處在爆炸邊緣的乘客擠在一起，Caroline 和我對看一眼，深吸了一口氣拉開面前的窗簾，繼續微笑著面對暴跳如雷，沒有秩序可言的客艙。但至少，門開了，我們不再像是個孤兒一般，被丟棄在香港機場的某個角落邊上，一個地勤一副對講機，多了一個能對外溝通的管道也有希望的。

　　過了一小時後，剛才開門的那點希望已全然化為烏有；兩個小時後，我不經開始懷疑剛才到底有沒有地勤來過了⋯⋯

　　從公司總部得到的消息一改再改，先是說要派專門的快船，讓乘客包船去澳門。機長信誓旦旦的廣播出來後，我做的翻譯廣播；過了半小時後，又說快船取消了，但會有補助的乾糧送過來，我也做了廣播；然後，隔沒多久，又聽到機長地獄般的聲音傳來，說是吃的沒有，船已經在來的路上了⋯⋯總公司的指令就這樣一改再改，感覺像是在跟我們全機人員開玩笑似的，但這可一點也不好玩，在我做出其實沒有快船也沒有物資來的時候，整個聲音都在發抖，因為整個客艙的乘客全都氣得跳腳，完全炸了鍋。

　　說真的任誰都會不滿的，說出來的話像放屁，做出的承諾

如同春天午後的雷陣雨，瞬息萬變。而我，就是那個被迫信口開河的砲灰。

當乘客再次指著我的鼻子罵時，我無助的好想要立刻消失，我也不想要做這樣出爾反爾的廣播，然後成為眾矢之的。

就在另一個北京來的大爺，罵完我，威脅再也不讓我拿廣播話筒講一個字，不然就對我不利之後，終於有好消息傳來，或是終於有能決定事情的人，做了下一步決策了。

那就是，讓所有乘客下飛機，而我們也必須在香港滯留一夜。

終於，我們全機的人，乘客、組員包括機長都等這一刻等了好久。算了算，從落地到決定讓乘客下機，已經過了將近六個小時之久，都可以飛中程到澳洲了。

我躲在廚房做完廣播，在心裡祈禱拜託不要再是一場烏龍，我小小的心臟已經又快要承受不住來自我們自家公司的玩弄了。

半小時過後，接駁客人的機場專車如同救世主般自帶光芒的停在我們飛機旁，大家全都迫不及待的想要離開飛機，正確來說應該是逃離客艙的感覺，爭先恐後誰也不讓誰。

我們得到的消息是，下機到了香港機場後，會有地勤人員幫忙處理接下來的事宜。所以，當乘客問我們時，我就回答「到機場後找地勤，他們會幫你們處理好的，放心。」但說實在，心中也有點疑惑，哪裡的地勤呢？我們在香港並沒有合作的地勤單位，所以我們的客人頂多只能找香港本地的地勤處理，而

細節我也不知道，那個單位在哪裡？能找誰？但我們公司方說得很肯定，說是找地勤就對了，不容質疑，我們也就信了。

待所有乘客下機後，整個客艙終於冷靜了下來。眼前只能用慘不忍睹、滿目瘡痍來形容，還散發出陣陣惡臭，座位旁不知道灑了多久的飲料、地上吃剩的瓜子皮和零食、沾滿不明污漬的衛生紙和報紙遍布整個機艙，我們全組組員，拿好自己的行李箱聚集在機艙前段，默默等待接送我們到機場的接駁車到來。

一小時過後，接駁車像是終於想起我們似的出現了，也不知道為什麼又花了這麼久的時間，但我們一行人竟也沒力氣追究了，甚至連抱怨都省了。反正，現在面對任何不合理的情況，我們都可以欣然接受沒有怨言了……

坐上接駁車後，大家的臉上終於有了放鬆的笑容。

「我這輩子沒有這麼想離開飛機過，今天真的太永生難忘了。」我對一旁的 Caroline 小聲訴苦道。

「何止永生難忘，我好幾度都想直接開門放滑梯，大家往下一起跳了……」Caroline 苦笑道。當然，她不可能這麼做的，一個滑梯可以說是我們半輩子都賠不完的啊！

雖然如此，但我還是發自內心的附和這個提議，被困在飛機上時的確一直冒出，乾脆就這樣一了百了的想法。

我們跟著接駁車駛過了大半個機場，夕陽過後的機場，一盞盞橙黃色的光暈亮著，從右側滑過，寬闊的停機坪停滿了各式各樣不同的機種，我們的飛機早已被遠遠的拋在後頭，淹沒在無邊的飛機海之間了。風和窗角擦出咻咻的聲響，我拉大了

風口的距離，風聲就小了許多。也許是因為香港環海的關係，吹來的風不算涼還帶著少許水氣，但還是不減微風拂過面旁那種舒爽的感覺。

我一面想著上星期廟裡奉上的香油錢是不是太少了，一面看著面前的機場航廈越來越近，直到車子完全停穩。

我們機組數人穿著惹眼的紅色制服走在機場裡，機長和副機長帶頭，乘務長在後，我們其餘的組員兩兩一排跟在後頭。

走在我左邊的組員 Jerry，本來僵著的臉終於有了一絲笑容，腳步也輕快了許多，我也朝他心領神會的笑了笑。Jerry 是經濟艙的 Leader，他的壓力一定比我們這些小組員來的大。之前跟他飛過幾次，一直都是好好先生的樣子，對所有組員也都很好，很照顧大家。剛飛沒多久的組員跟他飛也都會很安心，完全不用擔心會被責罵，Jerry 還會有耐心的細心教導。

第一次看他這樣繃著臉也是蠻不習慣的，但我們的笑並沒有維持多久……

「別讓他們走了！！！！！！」一聲大吼響徹了整個機場。

不抬頭還好，一抬頭發現前方黑鴉鴉一群人不就是剛剛飛機上那群乘客嗎？！

「那不是剛剛飛機上的嗎？快去！！！別讓他們跑了！！！！」

「X 的！！你們要負責！！」

「騙我們說這裡有地勤，結果一個人都沒有，我們被關在這裡，你們要負責！！！！」

「騙子！！！！可惡的騙子，以為把我們趕下飛機就沒事了嗎？今天我出不去，你們一個也別想走！！！！」

凶狠的叫囂聲此起彼落，我腦中的畫面竟是美國影集陰屍路，一堆喪屍衝向主角的畫面。而此時此刻，我們就是那個悲催的主角。

用不了幾秒，我們就被如同喪屍般發了瘋的乘客們團團圍住。

原來，他們沒有香港簽證出不去；原來，開往澳門最後一班船已經開走了；原來，這裡真的沒有「所謂的」地勤人員……不只乘客受騙，沒有人會相信其實我們組員也被蒙在鼓裡的。

如同暴風雨般，我們就處在颱風眼的位置，暴風雨的中心，我們怎麼移動連帶著周圍人的移動，然後圍著我們的人越來越多，直到我們真的一步也走不了為止。

群眾指著我們的鼻子臭罵、有的拿出手機相機對著我們錄影、有的甚是對著我們吐口水……情況越演越烈，再加上圍觀的人，儼然一場鬧劇正在上演。

第一次，對穿著自家公司制服這件事感到羞愧。站在人群的中心，我們一個個低著頭，任由眾人唾棄著也無從回應，因為無話可說。

這一切的一切，我們公司本來就要負起大半責任，而這

些乘客無從發洩也找不到人協助，我們就成了他們第一線緊咬不放的人。事實就是，總公司做了一系列，錯誤的決定，我們就替公司當了最前線秒死的砲灰。

一個七八十的老太太，在我面前脫了鞋，指著自己水腫到不行的腳，哭哭啼啼地要我負責，我該如何負責？ 一個看起來精明能幹，講著流利英文的男人，在我面前分析了半天「我們應該怎麼處理」、「他應該要得到多少賠償」等等說了半天，然後決定拿手機拍下我們每個人的名牌準備提告，我能怎樣負責？

我站在原地面無表情，眼神猶如靈魂抽離般空洞。如果可以好想要挖個洞鑽進去，直接消失不見。

澳門跟香港明明就只隔著一片海眺望兩邊，一個小時的船程、二十分鐘不到的飛行時間，我怎麼就到不了了呢？為什麼會演變成現在這個情況呢？這中間到底出了什麼問題？還是全部都是問題？

我的頭腦已經開始錯亂，眼前的一切好像都與我無關。我望了一圈共患難的夥伴們；大部分的人跟我一樣無能為力的站在原地，而機長正跟一個吐了他一臉口水的大叔激烈爭執，副機長在我的左手邊幾個人之外，Jerry 和 Caroline 在我旁邊，乘務長呢？怎麼找不到 Tina ！？

到底過了多久，我也不知道；還要多久才能結束，我更是不清楚。機長和大叔的爭執已經到快要打起來的地步了，那位大叔也真是有膽量，我們機長一個一米九十幾的高大澳洲人他也敢惹。他們一個聽不懂中文，一個不會講英文，這樣可以吵這麼久，我也是滿佩服的。

　　來人！誰快來阻止他們把對方打到鼻青臉腫！？警察勒？警察在哪裡？我才想著就聽見人海前方有騷動。

　　「全都不要動！！！」是孔武有力的廣東腔國語。

　　太好了，機場警察終於來了，我們要得救了！我在心中高聲呼喊了千遍，臉上依然凍若冰霜。

　　最後，我們在警察的護送下，離開了香港機場這個是非之地。一個接著一個，癱軟的走到海關處，出關。

　　令我驚訝的事，我們的乘務長，早已在海關的另一頭等候多時了。所以說，雖然總說，團隊精神、團結就是力量，大家是綁在一條船上的人，但到了真正困難的時候，有些人

還是只顧的了自己的，就算你是乘務長可能有多一點點義務要照看各個組員安全也一樣。該跑的時候，跑得比誰都快呢！

今天，漫長的一天，就在 Caroline 淚如雨下的啜泣聲中結束了。

我大致能明白為什麼想哭，應該是那種緊繃一天的壓力得到釋放的感覺吧！然後又剛飛沒幾個月，就遇到這麼棘手的情況，真的是有可能崩潰的。

每個人的感受不同，就我而言的話，可能不可思議大於驚恐的成分多一些。

香港被降風波過去後的幾天，我再次拖著行李到公司報到，準備飛個輕鬆的廈門班。

進到公司，不尋常的發現組員們全聚在一起議論著什麼。湊近一看，大家全都盯著某人手機裡的一則新聞影片看。

影片中，幾個穿著紅衣制服的組員被人群團團圍住，爭吵叫囂的聲音不斷從手機傳出。仔細一看……那不就是——

「Rachel ！這是你吧！！」一名組員驚呼，然後所有組員跟著驚訝。

我只能無奈地笑了笑說，「沒錯，是我。」然後，開始說起那天的故事。

口　觜。

　　人每天每天都要說好多好多話，其實一天大約有三分之二的話都是廢話，我們訴說，期望他人能了解自己。

　　這天我和往常一樣坐在咖啡廳的某個角落打字，看著對面的一張張面孔和不停說個不停的嘴巴。

　　議論著什麼、嘲笑著什麼、諷刺著什麼、羨慕著什麼、分享著什麼、抱怨著什麼、開導著什麼……充斥著各式各樣的話題，但這些真的重要嗎？

　　我們總是說的多，做的太少。

關於咖啡與
咖啡廳。

　　小的時候不能理解咖啡的迷人之處，只記得媽媽手中時常捧著一杯褐色的不明液體，偷偷嘗一口，眉頭深鎖，舌尖發麻，然後疑惑大人怎麼會喜歡這種東西。

　　但從什麼時候開始，每天一杯咖啡也成了我的習慣，媽媽說的「你長大就知道」的清單又命中一項。苦瓜、青椒、茄子這幾項都已經一一輸掉，現在這個冬天，咖啡也淪陷了。

　　當咖啡苦澀而濃郁的香味撲鼻而來，你閉起雙眼深深做一次呼吸運動，難以言喻的滿足感就會從天而降，恩 好像形容得太誇張了，總之就是你會感覺到很幸福。

　　而當你悠悠哉哉同時也無所事事的逛著大街時，手上多了一杯咖啡，特別是星巴克的咖啡時，整體質感就力馬瞬間大大提升，讓你從宅宅變文青，哥哥美眉都會多看你兩眼，如果沒見到這麼好的效果，請別生氣；至少它讓你冰冷的雙手變得暖和了。

　　長到 20 歲，尋找咖啡廳已然變成一種興趣。咖啡廳的魔力相信廣大的現代青年、壯年、甚至老年都應該清楚；你可以選擇一個人去享受優閒的午後、可以三五好友相約聊是非、可以情侶濃情密意的約會聚餐、或是你逛街逛累了想找個地方坐

坐休息再出發……而此時此刻，我正在澳門某間小小的咖啡廳裡，佔據了一個靠窗的三人坐，對著我的電腦小白享受一下一個人的自在。

　　下午三點鐘，我可能還有幾個小時的時間讓我悠閒放空，等到晚餐時間，這裡坐滿了人，我就會起身回家，然後再泡一杯小資最愛的三合一即溶咖啡。

一個下午，隨便找間咖啡店取暖一下再出發。

你好學姊。

最近因為航班組合的原因，讓我有機會可以在後面經濟艙當 leading，leading 的職責就是要負責管控經濟艙的所有事，通常這個職位都會由較資深的組員勝任，而剛好最近飛到的都是剛飛幾個月，甚至幾天的新人，按照年資順序分配，很常有機會在後頭當 leader.

一個服務鈴亮起，我才正起身拉開簾子準備出去，兩個學妹立刻彈起來。

「Rachel 學姊，我來就好。」

「對阿！學姊，我們來就好，你休息。」

兩人一搭一唱地，一邊希望我坐下休息，一邊慌慌張張地出去查看客人有什麼需求。

他們倆一溜煙跑出廚房，我都還來不及跟他們講，其實一個服務鈴不需要兩個人去看的。

她們回來時，我問：「客人需要什麼呢？」

「可樂。」其中一個學妹回答。

「一杯嗎？」我拿起已經事先準備好的杯子，打開冰櫃，開始鏟冰。一個學妹擠到我身旁，試圖想幫我鏟冰，看得出她非常積極想幫忙，但完全用錯方法，這樣反而更慢，不只妨礙到我工作，而且重點是冰鏟也只有一個。

看著那張焦慮緊張又不知道該做什麼的臉，她以前到底是遇到怎樣可怕的學姊啊，我心想。

「你可以去幫我拿罐可樂嗎？」我對她說，一方面可以阻止她繼續跟我搶冰鏟，另一方面是這樣真的比較快。

手忙腳亂地處理完一杯可樂後，外頭的服務鈴又接二連三地響起，但她們完全沒有給我機會走出廚房，好像深怕我動到累到，最好像尊佛一樣供在那一動不動最好，真的讓人哭笑不得。

也許之前她們飛到的學長姐，有些需要這樣對待，才會變成這樣。但我真的很不喜歡這樣的工作模式。我懂她們的苦衷，因為我也是這樣一路過來的。你若沒表現的積極，可能之後就有人會說你沒禮貌，工作態度散漫；你若表現得太過熱情，別人會說你愛拍馬屁愛裝熟，是個很假的人；若是表現得太從容淡定，可能又有人會說你才剛飛就這麼大牌沒有新人的樣子。所以要學著如何拿捏恰當，有些人需要別人服侍，有些人不喜歡，久了就懂了這些眉眉角角。

在忙完一陣後，終於有時間坐下來吃飯了，我選好餐坐下來後，她們才隨後坐下。我看他們還是有點緊繃，便開始和他們說說話。

「你們兩個是同學嗎？ 我看你們工號還蠻近的。」我問。

「對阿，我們同班還是室友。」短髮的學妹回答。

「這麼巧，好好喔！ 我也好久沒跟室友飛到，可以一起上班的感覺很棒。」

「真的，今天一起等公車，一起去公司很開心。」坐在我旁邊的學妹表示。「學姊，你們幾個人住啊？」

「加我三個人，住在中央公園附近，你們呢？」

「我們五個人一起住。」

「喔，好多人喔！ 怎麼找到這樣的房子的？」大家一起住一定很熱鬧，覺得蠻羨慕的「我們一開始的時候也想要六個人一起住，但找不到那樣的房型。」

「其實我們也找不到，所以就把客廳隔一個屏風出來，給一個人住這樣。」學妹表示。

誰住客廳也太刻苦了，我真心佩服她。

「Rachel 學姊，我想問妳……乘務長 Sally 會不會很兇啊？」短髮的學妹吱吱嗚嗚的問「嗯，因為我後幾天要跟他飛，然後還要在前艙，跟她一塊做事……」她一臉求助的可憐樣看著我。

「嗯，是韓國籍的那個乘務長嗎？ 還是中國籍的？」因為公司有兩個 Sally。

「好像是韓國的，我聽我們班同學說，她很兇很嚴厲，還有開會時她會問什麼問題啊？一起做事有什麼特別要注意的

嗎？我沒有做過前艙，跟經濟艙有差很多嗎？」她劈頭問了一堆問題。

「還有學姊，前艙的餐是應該要先從靠走道送，還是靠窗的送起？ 我記得受訓時是教從靠窗，但我上機後我也有看到，有些人會先送給走道的客人。」坐在旁邊的學妹也加入十萬個為什麼的行列。

我放下吃得差不多的飛機餐，清了清喉嚨，開始一一回答他們的問題，她們聽得認真，頻頻點頭。回想當初那些問題我也曾問過，也是以那樣真摯的神情聽著學長姐說。

他們的求知慾和對工作的熱情，是我已經很久沒有感受到的了，雖然有時做事傻的可愛，可她們的眼神中依然散發著初生的光彩，對這個環境和這個工作的嚮往，在她們身上完全不費勁的顯而易見，而我呢，我問自己……

看著她們，聽她們說著，怎麼經過一年兩年後，自己的心態已然完全不同。一次一次的飛行中妳變的熟練，做起事來有效率也得心應手，已經學會怎樣跟組員之間相處，才是最舒服適當的距離，每趟飛行也都平順地度過了；卻也在這些過程中，感受到一點一點流失的熱誠，每次飛行雖然平順卻也了無新意，一成不變每天做著相同的事情，發餐收餐、起飛降落，我漸漸在其中找不到一點成就感，也漸漸忘了當初飛上藍天的那種快樂了，可能這種倦怠，是每份工作都有可能遇到的，也許我只是需要休息呢？

究竟這一趟又一趟的飛行中到底磨去了什麼？看著他們我提醒自己，不要忘了最初的那份心境和工作對於自己的意義，

但不得不承認，我迷失了。

　　當所有人都在為自己的未來打拼時，我不禁想問，在那頭的你 看見了什麼？

　　日出的光暈撒在鐵鳥的翅膀上，通宵昏沉的腦袋頓時睡意全無。

透過小小的窗口看出去，其實就是空服員的世界了

別總是覺得遙不可及，好像時時刻刻都會失去。很簡單的，沒有這麼遙遠，也沒有多不安和變數。

只有你敢不敢而已。

⌐ 每個人都有著類似的青春，截然不同的人生。

這就是為什麼你跟我走上分岔路口

這麼簡單還需要別人來作答嗎？

因為我招手你不來，而你招手我也不去……

忙嗎 ？

我心裡想，忙是一件好事

因為，

人一忙起來，就會淹沒在每天沒完沒了的麻煩事裡

但你至少還搞得懂那是什麼麻煩。

忙碌會趕走痛苦，使你忘記悔恨。

每天重複機械式的動作，

那樣的生活可以讓人活得比較健康，至少是一種拖延戰術。

很有效，不過，卻也只是暫時的

早晚那些嘈雜的聲音還是會消失，人群會散去，

而你回到家，面對著燒壞的燈泡，面對著空蕩的房間，面對著
凌亂的箱子。

那種感覺很難受，甚至不知道自己應該要有怎樣的感覺。

心中五味雜陳百感交集，彼此矛盾，互相衝突，

不知道應該先去感覺哪種痛苦。

那盒凌亂的箱子，怎麼整裡還是一樣亂，

保持原狀吧，不想有什麼變動。

然而，

你卻可以感覺到時間的存在，很明顯。

時間一直盤踞在這裡。

密封了很久的味道，發黃的紙張，塵封多年的布料纖維，

一切都滲出一股原始的味道，回憶的味道

我彷彿

又看到了，你的臉。

最親愛的誰。

記得某回失戀後，那陣子心情極差，非常抑鬱。做什麼事都提不起勁來，上班活像個活死人，神智全不在工作上，就是一具空軀殼在飛機上移動；下班癱在沙發上，左手抱著薯片右手拿著啤酒，對著電腦銀幕，看著也不知道在演什麼的電視劇；發到網上的狀態也都是，負面到不行的言語，或是一些悲情到你想哭的歌曲。

當父母察覺到異常的時候，就開始天天給我打電話，天天問我今天心情怎樣，天天問我有沒有好好吃飯好好照顧自己，天天灌輸我一個人在外不要老吃外食，要自己弄些健康的東西吃，天天跟我說就只是失戀而已沒什麼大不了的……我真的是被煩的越發心情鬱悶，本來就已經夠難過了，現在還被弄得每天都很煩躁。

再一次千篇一律的對話結束後，我忍無可忍地按下了封鎖兩字的按鍵，我受夠了，只要你看不到，就不會有那麼多擔心跟問題了，這樣對你對我都好。

清靜幾天後，我真覺得我做的決定正確無比。後來我問了一些朋友，發現原來很多人的爸媽是看不到自己孩子的社交軟件，有些甚至連加都沒有加。

直到某天我媽給我發來這樣一條訊息，

「為什麼媽媽看不到妳的東西了呢？」

她完全不知道為什麼，還和我嘮嘮叨叨的討論是不是手機出了什麼問題，還是社交軟件出了什麼問題，是不是要重新下載一遍。她著急，她難過因為看不到我了，她會想用那個東西的最大用意就是看看我在做什麼，她不停神神叨叨地說了一堆。

後面說了什麼我也記不太清，只覺得當下感覺特別難受，覺得自己這個孩子簡直做得太差勁了，做為一個孩子主動把親人推得更遠，把她連想知道小孩在做什麼的權力都剝奪了，我自責的一句話都沒法回應，只能嗯嗯啊啊的發出幾個單音。

父母會離我們越來越遠，從 18 歲開始，也許有些人更早，我們的人生就和生下你的父母開始漸行漸遠的，像兩列原本駛在同路軌道上一前一後的火車，到了某個分叉點，扳手一扳，兩輛火車就這麼自然地不再同個軌道上了。

有人說過，如果把我們的人生比喻成電視劇，一集就是一年，那麼人生的這齣電視劇，也許前十八集父母完全參與了，而從十八集之後父母開始階段性的參與了，從我們投入工作，進入社會在一個新的城市新的環境打拼，開始自己的生活，自己的家庭；而他們，你的父母們開始淡出你的生活，愈來愈少出場的機會，最後他們也就什麼都不知道了。

本來就有這麼多代溝，這麼多鴻溝在，而我們要如何去對待這些？

到底是該封鎖、屏蔽他們，因為擔心那隻言片語，進到他們眼裡，造成不必要的擔心，所以留給他們一頁空白的畫面；還是打開你的頁面，讓他們瞧瞧你的生活，哪怕只做一點，那怕不夠，依然在鴻溝間搭起橋樑。

　　從大學開始，父母就不和我待在同一個城市，大學的時候還好，只是台灣幾個縣市的差別，也許一個月還見的到一次，卻也不是特別愛回家；開始工作後，那就是國內和國外的距離，這樣算來三個月見一次，一年林林總總也就見那四五次面。

　　那你就問，「那電話呢？ 電話總能時常打了吧！」是的，電話能常打，打了我們會聊些什麼呢？

　　「吃了嗎？」　　吃了。

　　「最近好嗎？」還好。

　　「工作會累嗎？」有一點。

　　……

　　……

　　無非就是這類的關心，早已不再你生活邊上的父母我們聊什麼，聊什麼？ 如果我還把他們最後一點得知我消息的方式都拿走了，是不是真的有點過分。

　　龍應台的〈目送〉裡有一段話：「所謂父女母子一場，只不過意味著，你和他的緣分就是今生今世不斷地在目送他的背影漸行漸遠。'」

雖然我們無可厚非的會跟自己的父母漸行漸遠，但我能做的是拉一把，不要讓他們越來越遠。

　　我的父母今年五、六十歲，按平均年齡算八十歲，一年回去大約四次，二十年還有幾面可以見，八九十次？ 這是我們最親的人，一輩子，我也許見他不超過九十面了……想到這裡，我不想再想下去了……

　　掛上電話後，我立刻把他們拉了回來，珍惜身邊的人，特別是那些無條件對你好的人，我們的父母，雖然這些道理都是從小聽到大的，但真正明白的時候還是要靠自己的。還好，我的明白還不算太遲。

　　外面的世界有風有雨時晴時陰，當你還有港灣時怎麼還能不好好珍惜呢？

空姐 25 歲。

　　25 歲的這個生日，我和我最好的姊妹來到東京旅遊，算是給自己一個小旅行當作禮物。

　　常閱讀到一些文章都把 25 歲當成一個轉捩點；例如 25 歲從女孩變女人啊、25 歲後給自己訂定的目標啊、什麼 25 歲以前還來的及啊等等，輪到自己跨躍這條隱形的線了，倒好像沒什麼太大的感覺，這天和平常一樣在趕飛機中度過，我們要從東京離開了，唯一不一樣的是，2016 年 11 月 24 日這天日本下起了六十年不見的十一月初雪。

　　我跟 Belle 又叫又跳的跑在上野公園，好像一輩子沒有看過雪一樣興奮，但說真的好像很少看到雪花片片落下的瞬間，大多看到的時候，都已經是厚厚一層舖在地上了。

　　下雪其實跟下雨有點像，都會把衣服弄得濕濕的，我們沒撐傘在外頭跑了一陣，冷靜下來後才發現整身外套幾乎濕透了，人也凍得發抖，鼻頭、手心都凍的紅通通，但我們依然傻呼呼地笑。

　　「Belle，看招。」我赤手捏了一顆雪球往 Belle 身上砸。

　　她跳開，然後我們開始繞著一棵樹跑，「停停停，秋，

暫停」她也開始揉雪球「都二十五歲了還這麼幼稚，看招！」她來勢洶洶的朝我攻擊，雪球形成一個有氣無力的拋物線，然後軟趴趴的掉在我身旁，我大笑。

又一陣嬉鬧後，我們雙雙投降。

「秋，來說說 25 歲的生日願望吧！」Belle 突然拿出手機開始錄影。也太突然了吧，我痴痴傻笑，拍掉頭髮上的雪花。

「開始了啦！」她提醒，於是我清了清喉嚨。

「嗯，二十五歲的願望啊！第一個就是，我跟 Belle 以後都可以順順利利，開開心心……」

「好感動喔！有我耶！」Belle 開心叫道。

「第二個呢，就是希望我在乎的人都能平安健康……很像很官方吼……」說著都想偷笑「還有最後一個我留給自己喔！」我閉上眼，在心裡默默許下最後一個願望，那就是：「我要離開這個工作，並且朝著下一個夢想，下一個目標前進。」

這個工作的確做起來簡單開心，從來不用把工作帶回家，時間也很彈性，薪水方面也不差；一切的好都會有個但是，我的但是是因為，這個看似美好的工作，漸漸地沒辦法帶給我滿足感，這樣的不滿足也許是來自於缺乏成就感，一成不變的工作，登機、送餐、收餐、下客……每天每天無限的循環，不用思考，不用動腦，就可以輕鬆的過完一天。休假時就跟幾個姊妹相約去喝下午茶，吃個飯聊個天，聊得不免俗也就是公司的誰發生了什麼事、哪個牌子哪個包在打折、哪邊種睫毛比較好比較便宜等等。有段時間，我開始覺得我好像快變成了一個腦

袋空空的空姐了，眼中只有上班外站要去哪裡玩，放假要去哪裡喝茶，這樣無憂的日子卻變得一點也不美好了，到最後只感受到無止盡的空洞和空虛，然後被它漸漸淹沒。

然後我開始看書，當周圍的人事物，不再能帶給你些什麼的時候，書會是很好的朋友；有時也 玩點數讀之類的遊戲，動動頭腦免得生鏽，利用一下機上的空閒時間，反正閒著也是閒著。但最後我還是選擇了離開，是時後踏上下一段旅程了，我在從東京回去的航班上把這個決定告訴 Belle，她吵著嚷著說我無情無義，把她一個人丟在孤島，以後沒人陪該怎麼辦，但卻沒有要說服我留下，因為同梯的每個人都想離開包括她自己，只是早晚的問題而已。

「秋，到哪裡都好，記得開心最重要。」真不愧是我最好的朋友，我回以一個肯定的笑容。

從畢業到現在，感覺沒什麼變化又好像什麼都變了，時間默默的推移，距離時近時遠，陽光時晴時陰；不管如何，還是認真過好每個日子，沒有遺憾就最好。

茶靡說：誰都只能在那人生的考卷上，慌張地寫下，那唯一的選擇。

我說：不管哪個方案，只要你選擇了，那就是你的正解。

為什麼有時候你會驚覺

某些人再見面之後就不會是好朋友了

是因為彼此的經歷太不相同

因為看待事情已經不在同個平面上了

還是因為你在乎的東西對於對方來說如同空氣

以至於彼此走上了沒有交集的平行世界

你知道 強拉只是白費

就算看的再淡 還是傷悲

因為 曾經

空。

　　最近的日子寧靜無波，街道上的人們行色匆匆，車輪滾滾，不同時空的人們都正為了自己的生活，自己的未來努力著，每個人都在思考，每個人都曾迷惑。每一天都在上演著不同的故事。悲傷的故事、喜悅的故事、無奈的故事，每天都在面臨著不同的選擇，不同的考驗。

　　沒有飛的時候，時常會到街上走走，感受一下這個城市生命的澎湃，當一個人走入人潮，周圍那種特別擁擠的感覺，總讓人感到莫名的安心。站在十字路口的某一處邊上，所有人齊心等待著眼前的指標，綠燈行紅燈停，這樣車水馬龍的下班潮中，沒有瘋子看到小綠人會往前衝的，除非他想對著車一頭撞死，這就是人類厲害的秩序所在，這也會令我感到安定，因為我也屬於這些秩序地某個部分。

　　喔，原來綠燈了，周遭的騷動讓我回過神，邁開腳步隨著人流向前，就這樣走著晃著，沒有目的，也不知道什麼時候培養出來的習慣，我只知道有時真的不想下了班就窩在自己五坪大的房間裡看電視，出來走走還比較舒服，可能，真的有些寂寞吧……我在心裡苦笑。

　　看了一下商店街的布置才發現，原來聖誕節就要到了，

不知不覺都過了兩年了啊！ 耳邊響起那首每個聖誕節都會聽到的 Last Christmas，Taylor Swift 唱的版本。

好久沒想起你了呢，離開你後的這兩年裡，我幾乎不怎麼想到你，一開始的時候沒辦法控制，一想起你淚腺就開始工作，嚴重影響生活，上班的時候落淚、等車的時候落淚、吃飯的時候落淚，甚至連睡著後都會哭著醒過來，明明是自己選擇的離開，怎麼也會如此難受。認識我的人覺得擔心，不認識我的人覺得我像瘋子，到最後連我最好的朋友都失去耐性了，說我如果再這樣下去沒人受的了得。

所以我開始笑，盡情地笑，瘋狂地笑，每天每天都裝做自己很開心，有時候自己都覺得裝著裝著好像就成真的了。我把你的一切埋在心裡的寸土裡，蓋住它就看不見種子，我的思考迴路變成了「我這是又想哭了嗎？」每當把這個問題輸入進中央處理器的時，為了避免某個東西可能會引發種種不明的心理現象時，電腦的防毒機制就會啟動，防止它進入主要核心，一思考就覺得自己內存不足，下意識的按下 Crtl 加 Alt 再加 Del，辛苦了還是——結束任務吧！

簡單來說就是「逃避」兩個字就對了。

但逃避總歸無法徹底解決問題的，那個種子還是埋在心裡深處，沒有去澆水雖然它不會發芽開花，也已經爛掉在裡面，很難被治療了。

就像聽到街上放著的音樂，還是讓埋著爛掉種子的土壤有了些微的鬆動，雖然不至於落淚，卻依然在深處隱隱作痛⋯⋯

前年也差不多這個時候我也和你手牽手走在同樣一條街上，某間店也同樣播著這首歌，我們晃著手一搭一唱的哼著歌，現在我兩手插在口袋取暖，對比左右兩邊的勾著手的情侶，我在別人眼中看起來一定格外孤單，但說實話可能自己並不這麼覺得，卻會因為別人的眼裡這麼覺得而覺得自己可憐，又是莫名地提起嘴角，早就習慣了吧，我慢慢的走出那首歌能傳遞的範圍。

　　那時我離開你，去追求夢想，我時常會想獨自留在原處的你會是什麼感覺，現在我回來了，重新回到屬於我們滿是回憶的地方，試著感受你的感受，試著治癒塊在心裡潰爛的區域。

　　愛情並不是生活的全部，人需要的也不只是愛情的滋潤。如果有夢想，而這個夢想很難和你的愛情並存時，就意味著身邊的人可能要為自己做出犧牲，如果有追求，愛情就會被擺在次要的位置，這是從開始就被注定的，必然的比較。

　　忽略並不是不可以，但是不可能忽略一輩子，如果不讓我隻身飛出去，讓我飛離時悉的地方完成我想完成的；而是絆住我，讓我猶豫，我覺得那只會更糟。不要以為猶豫就可以靠時間找到答案，猶豫可能會使你兩頭都落空。明確現在的選擇，讓自己不要後悔，比起猶豫著傷害彼此，更為重要。也許果斷是一種冷酷，如果到最後結果仍不會因為你的猶豫而改變，果斷一些並沒有什麼錯。當斷不斷，才會是兩個人的痛苦。我就是抱著這樣的想法離開你的，但那時愛並沒有完全消失在我們之間，所以那種分開的痛特別的深也特別的久。

很久沒有把自己想的這麼透徹了，我傷了人所以自責也好，被指責也好，可如果再讓我選一次我還是會做一模一樣的選擇，但為什麼我要這樣一遍一遍的討厭自己，不放過自己呢？ 那時的一切既已必定是過往，為什麼要逼自己忘記，已經存在過的事實，誰也忘記不了的。我們可以盡情地回放、回味、回憶，但依然堅定的不回頭，沒什麼誰對誰錯的。

在我意識到時淚早已溼了雙頰，我翻開手機，打開你幾個天前發給我的那則短信，上面寫到：「我現在很好，你呢？ 」兩年的疑問濃縮這幾個字裡，看著那條信息，覺得心裡酸楚難當，心緒起伏難平，雖然還是一樣，但現在我好像有了回應你的勇氣。

我動了動手指，把前面五個字反發了回去，我想告訴你 " 我現在很好 "。

我和你認識多久了呢，從十八歲的相識，再到二十歲的相戀相許，再到分開後的兩年裡，驀然回憶起的時候，時間竟然已經整整過去了七年。七年，再回憶的時候才知道是多長的一段歲月，發生了太多太多事，感受了太多太多情，做出過無數的選擇，面對過無數的挑戰，都被這十年的時間吞噬融合，化成了人生曾經的歲月。

這份回憶，將會在未來的歲月裡繼續著它的吞噬，將自己刻在其中。究竟怎樣才能讓自己過個無悔的人生，究竟什麼決定才是自己真正的意願，都會在歲月裡頭得到證明。

思考著一切，勇敢的面對一切，被期待、被懷疑、被打擊、然後振作，人生就是在這樣的循環之中不會停止。

　　沒有人沒有缺點，越聰明的人越會犯一些奇怪的錯誤，而太過直率也會看不清未來。沒有人可以預言自己的一生，也沒有人可以承諾永遠，如果每一步腳步不是腳踏實地走出來的，在多許諾也只是虛無而已。

　　時光不會倒退，就算同一個時刻你有無窮的選擇，也只能選擇一個。

　　所以，只要不後悔就好。

學起來吧！人生
不過一杯茶？

又開始放肆的飛舞，但是你的放肆卻沒能讓自己開心。

身上綁著根線在飛，始終有人在那不停的拉，你不得不回過身看幾眼，時而緊時而鬆、時而向前時而回頭。

放逐一樣的飛，繞了一個又一個彎，又發現回到原點，一樣白費多可怕。

情。

是不是有一種失望，是情這一字附帶的條件

是不是愈是愛一個人，也愈容易對他苛求、對他失望

那麼，

錯的並不是他。

是有一種失望，像無故失眠的長夜

你一個人望著寂靜的晚空，回想一個個你愛過和愛過你的人們

有些愛已經忘了，有些愛忘不了。

但是，

只要愛著一個人，也就永遠會有失望的時刻。

有人說過，

「別等不該等的人，別傷不該傷的心。」

那麼我們都傻，總是要上那麼幾次當才會明白，

自己真正懷念的到底是怎麼樣的人、怎樣的事。

愛，

它讓多少人在夜裡翻來覆去。

喜悅的、難過的怎樣都好，就是它讓生活染上顏料

在愛中尋找幸福的人，跌跌撞撞深陷其中

不會有人告訴你，要多久才會有答案

但時間，

能讓深的東西越來越深，淺的東西越來越淺。

這點我是明白了。

閉目三個小時後依然清醒，

凌晨三點鐘的天空，理所當然是一片漆黑。

颱風天前的夜晚窗外風聲不斷。

聽著，

沒有原因的思緒異常清晰。

世界上七十四億人口

能和你相遇的也就那麼幾個

閉起眼 幾張面孔劃過你的腦袋

平衡。

一段關係走上失衡時，最不得已的狀況就是分開，你走你的陽關道，我過我的獨木橋。

你會感覺過去的所有回憶，所有付出都付諸流水，你哭、你怨、你恨，你拒絕再次打開心門談下一場戀愛。

流完一日一夜的淚後，第二天繼續流淚，第三天、第四天…到了一個月，你覺得已把一輩子的淚水都哭盡了，再也擠不出一滴淚。渾渾噩噩的日子卻還沒到盡頭，你不再淚流滿面，但心裡空虛的失重感卻依然存在，好像有個黑洞，吸乾你所有的精力，你像塊空殼一樣的活在這個世界上，陽光再燦爛也照不進你的內心，景色再美你也視若無睹。

這樣的狀況會持續多久，你問自己，可理所當然這是一份沒有答案的考卷，注定只能交出空白卷。

可能是幾個月，也可能是幾年，時間會讓你慢慢好過一些，至少你現在已經不再流淚了。

沒有不傷痛的分手，經過幾次的輪迴，你開始思考，這一切傷痛為什麼依然這麼強烈，每一次依然讓你痛徹心扉，

分離這個課題是不是永遠不會習慣的，是的，永遠不會習慣。但我想要降低傷害係數，換個角度想這事，不要再把這看座山一樣重。

該怎麼說呢？

聽過一段話，分手就如同，本來完美的天秤兩端一下失去了平衡，你直覺擺上另一樣東西回來，讓它恢復平衡，而你擺上的東西是什麼呢？ 那東西必須是同樣濃烈的情感，多數的人，第一時間就是把恨給放上，至少你可以把天秤調回相同的姿態……

所以我們悲憤、難過、失意……所有情緒交雜而來，對我們而言這強大的失重感，讓我們感到很怪異。原本那麼強大的情感，一下子突然就消失了，風吹草無痕，片地的抓也留不住，因為愛這種東西是可以一秒鐘消失的。

可是，不一定是要這樣的。

我們一個人過著，本來沒有人愛我，後來有個人愛我，而現在他又不再愛我了，如此而已。

影響我的一句話，是這樣說的：

願每個與我相戀的人，都是真摯的愛過，轉身的時候也真切的恨過；也不願，我的愛和恨對你來說不值得一提。

案件。

時間，一點零三分　死因，硬碟掛掉

裡頭無數記錄，也在同一時間消失

相片　音樂　文章也好

全都無力挽救

好比烈陽下柏油路上的水滴　三兩下就消散在空氣中

除了心痛

只能用自己殘存的記憶片段　拼湊虛虛實實

硬是回想，發覺回憶就像散落各處的拼圖

撿起這塊，忘了那塊

怎麼尋找拼湊都沒有一張張照片來的真實

為什麼人們喜歡拍照，這點就能明白

我們的腦袋太不可靠

只要成為過去，畫面就不能夠鮮明的呈現眼前

也許它們被儲在某個深處

沒必要就不會浮現

靠照片 文字，可以記住很多重要或不重要得當下

現在它們瞬間 Delete 清空了

空白的資料夾，全都要重新開始了

這次我會

記得備份……

拒飛事件。

事件是這樣展開的。

三個月前，我們室友三人一起申請了，一個情人節前夕的韓國過夜班，打算一起到韓國過情人節。

那是一個多美好的開始、多歡樂的航班，沒有人想到會因為當時這小小的決定，導致後來種種事件的發生，成為了我惡夢的開始。

當日飛前的一個小時，也就是晚上的十一點左右，我們室友三人的電話陸續響起。

第一個接到電話的是 Ailsa，公司打來通知我們說，飛韓國的班機有延誤。

然後 Belle 的電話接著響起，通知一樣的事情，畢竟公司不知道我們是住一起的，所以逐一通知是免不了的。

最後才是我的電話響起，接過電話，我正想跟對方表示已經接到航班延誤的消息了，裏頭的人卻早一步開口。

「是 Rachel 嗎？ 能不能請妳幫個忙？」電話裡一個熟悉的

女聲傳出。

「恩，是什麼忙呢？」我一時滿頭問號，難道不是航班延遲的問題？

「我是 Rena，」恩除了聲音熟悉，這個名字也很熟，好像是我們主管階層的人：「跟妳快速解釋一下，現在我們有個航班備降在香港飛不回來，那組組員已經超時了，公司需要派人去香港把飛機飛回來，需要妳幫忙。」

「是什麼時候呢？」聽到這裡我已經開始有不祥的預感了。

「現在，我們看了妳的 roster，妳今天本來飛韓國，已經改妳去香港接飛機了。」Rena 的聲音很強硬，不容拒絕。

「我……」我腦中立刻浮現立刻浮現，之前聽一名學姊說去香港接飛機的情形，從機場到碼頭等船，然後搭一個小時的船到香港上環，然後搭約四五十分鐘地鐵機場線到機場，然後進機場過關，接著上飛機，在開始等起飛時間，最後飛十五分鐘回澳門……搞了一個通霄，一共累積飛時十五分鐘，只有一個慘字寫頭上。

腦補一秒後，我找回了我的聲音，說道：「……有沒有其他人可以幫忙呢？這個航班是我和幾個同梯，三個月前申請的……」

沒等我說完，電話那頭就硬生打斷我微弱的拒絕。

「就是因為沒有其他人能幫忙才找妳的啊！今天的待命已經全用完了，所以請、妳、幫、忙。」最後刻意加重的幾個字，我聽出她已經開始不耐煩了。

按規定講，飛前一個小時是不能改班的，改班的話需在航班十一個小時前完成並通知該組員，這件事我記得受訓的時候教官有特別強調，關係到組員自身權益，教官要我們聰明點，不要被調度人員耍了自己也不知道。

　　「我 ... 能不能請別的組員幫忙呢？我真的很想飛這個韓國班，我們期待很久了，也很早就規劃好了。」

　　「妳聽不懂嗎？就跟妳說公司看過一圈沒有人能飛，就妳能飛，妳的 senior 都去飛了，妳不去飛嗎？」這話顯然已經沒要壓抑自己的怒氣了，威脅的意味十足。「找妳是因為妳是台灣籍組員，中國籍的組員沒有簽證進不了香港，還要解釋多清楚？」

　　我也猜到是因為這樣，雖然聽的心裡發麻，但還是想放手一搏。

　　「那還有日本和澳門籍的呢？都沒有人能飛了嗎？我真的真的很不想被改，拜託妳。」

　　電話那頭停頓了三秒，然後才出聲，我懷疑她是在平復自己的心情。

　　「日本組員不會說中文，我們需要會說中文的組員，妳也知道備降過後的航班，需要能溝通的組員來穩定他們的情緒，所以妳真的很重要，沒有妳就飛不了。」

　　聽見她這樣說，我一半覺得壓力山大而另一真的是覺得可笑至極，講得像是沒有我公司就會倒一樣⋯⋯

「我真的⋯⋯沒辦法。」我想我是吃了熊心豹子膽才敢這麼說的。「對不起。」

跟我想的一樣，話才剛落，對面的主管就立刻爆走了。

「我現在打給妳，不是在徵求妳的同意的。不管妳答不答應，妳等等去到機場的韓國班就是會被拉掉，改成香港，妳想飛也飛不了，聽懂了嗎？」

「可我知道飛前一小時不是不能隨意改班的嗎？改班不是要在十一小時前通知嗎？」好了，完了。我知道這話講出口之後我就死定了的。

「是這樣沒錯！但危及到營運問題的事件例外，不要跟我講法規，妳去跟調度人員講！」她聽起來真的火大了。「妳一個飛不到一年的新組員，就敢這樣跟上司講話，質疑上司，我還真沒有遇過！ Rachel，今天不管妳飛不飛，結束後都到總公司找我。」

她不這樣講還好，一講那我還去飛幹嘛？反正前後不都要去見她，然後受懲罰。

「我再問妳一次，飛不飛？」Rena 發出最後通牒。

「真的很抱歉。」我聽到自己的聲音回答。

「好，你這是拒飛！後果很嚴重自己負責，結束航班之後來找我寫解釋信。」

「好。」電話那頭已傳來「都都都⋯⋯」的斷訊聲了。

寫解釋信的意思，沒意外的話通常就會變成一支「warning」，若是情形輕微一點的話，可能是記「reminder」，但聽起來上頭不爽的程度，不要被記兩支「warning」就該偷笑了。

　　我們公司的規則是三次 reminder 會變成一支 warning，一支 warning 會讓你的年假少一天，兩支的話就會奪去你開員工票的資格，三支的話就不用去上班了。

　　看來我空白的紀錄注定被畫上一筆了，室友們聽完事情的經過，不敢相信會發生這種事。

　　「哪有人這樣亂改班的！而且不答應還要去寫解釋信！」Belle 大聲抱怨：「根本欺負人！」

　　「對啊！而且為什麼是 Rena 直接打給你，不是調度員？真的很奇怪……」Ailsa 在旁附和著。

　　「對，而且她還是用私人電話打來，根本不是公司的，我就不應該接……」我突然想到。

　　「對阿，不應該接的……這都是什麼鳥事啊！現在怎麼辦？」Belle 看著我。

　　我當下真沒想這麼多，認為一定是通知誤點的電話，就不疑有他的接起來了。

　　「她就算不接，公司一定也會用其他電話奪命連環叩的。」Ailsa 悠悠的說道：「到底為什麼只抓妳啊……」

　　「有人還留著民航局的法規資料嗎？」我問。

現在能幫自己不受強權壓榨的也只有自己了，很幸運的我身邊還有兩位好朋友相挺，有她們我才不至於那麼慌亂，接下來一小時到飛前，我們挖出各式塵封已久的資料，都是訓練時留下的，在厚厚幾本書籍和文獻裡，想找出能幫我站住腳的法規。

　　我們邊過濾資料邊想，越想越不對，為什麼要用私人電話打，是不是因為他們也知道這不是正規流程，而公司撥出的電話都會進行錄音；而且說是拜託幫忙，幫忙本來就講的是你情我願，不是義務，我從頭到尾聽到的只有威脅；而拒絕就要接受懲處，這官威大得嚇人，難道職場就真的是誰階級高聽誰的，不管誰是誰非嗎？

　　「Rena 到底多大啊？」我發自內心的提問。

　　Belle 和 Ailsa 用一種不可置信的表情看著我，然後說。

　　「妳不知道她多大還敢拒絕她啊！」

　　「Rena 是整個空服部門的頭，所有空服員、乘務長，還有教官都歸她管的樣子……」

　　「老實說，如果是我接到她的電話，我應該會去飛……」

　　「只能說妳真的很猛，也只有妳敢說不了！她鐵定也沒想到她本人親自出馬居然還有人敢拒絕，想到就爽，哈哈哈！」

　　「趕快找資料啦！不然找不到法規就真的爽到她苦了Rachel 了。」

　　聽完他們說，我簡直冷汗直流，我只知道她很大，但不知

道她這麼大啊！簡直大得嚇人；如果早知道的話，我可能……還是會這麼做。我也知道這可能在社會上會吃虧，但面對不公，特別是侵犯到自身權益時，我就是嚥不下這口氣。

還好皇天不負苦心人，在我們三個的努力之下，關於改班標準的法規終於被我們找到。

白紙黑字，明明白白，三大項；第一條，改動組員班表須於更改後航班時間，推前十一個小時告知。

第二條，若改班原因為影響公司管理及營運，則按公司調度。但若需做晚班調度，則該組員原本班表須同為晚班。

第三條，應確定機組人員確實接到改班通知，改班方才成立。

以上三點，我原原本本的寫在解釋信上，呈給我們的頂頭上司 Rena 小姐。

她接過解釋信，看完的當下臉色一陣青一陣紅，好一陣子沒說話，或是說不出話來。我想我們急中生智找來的法條做效了，她一定沒想到我會找來民航法規保全自己，也許她早已習慣了，所有組員對自己的逆來順受，在她面前只會道歉的這種模式，每個來辦公室找她的人，準跑不掉一支警告，而現在卻成了這個局面，想懲治我卻沒法得手，肯定是氣得吐血，我都能看得出她氣得都快內傷了。

良久後，終於等到她惡狠狠的吐出一句 ，「妳回去等消息。」甚至連看都不看我一眼，看來他是無法給予我任何處分了，不然決不會僅此而已。

我面帶微笑地道謝後，踩著流星大步離去。

踏出總公司後，我頓時覺得外頭風光明媚，鳥語花香，和剛才的心境截然不同。

「搞定。」我對著焦急朝我走來的 Belle 說。

結果這次風波，跟我想的一樣，最後什麼處分都沒發落下來，我也就相信了世上的公平正義還是存在的，繼續天真、快樂的過了大半年的時光。

直到暴風雨真的來臨的那天⋯⋯

颱風眼。

什麼叫「君子報仇，十年不晚」，說的就是這段。

可需要更正的是，小人報仇，根本用不上十年，半年就弄死你。

這天我淚如雨下的站在他們面前，當時宛若勝者瀟灑離去的我完全沒想到會有今天。

某天早上要去飛一個再平常不過的上海班，那天的飛前會議乘務長檢查了大家工作時穿的圍裙，看了我的後建議我去找 Tessa 換新的，於是我到會議室旁的小辦公室裡找負責人員，告訴她我想填更換制服的申請表。

以前就聽說過，每當組員東西有問題要去填申請表時，Tessa 都會百般阻撓，刁難組員，盡可能幫公司省錢、幫自己省事，所以能擋則擋，能不給換就不換。

沒想到傳聞是真的，還沒看見我的圍裙，就一口拒絕。

「不行。」她如同條件反射般嚴肅的對我說。

「可是我的圍裙舊了，乘務長也建議該換了。」我必須堅

持立場才行。「還是我去拿圍裙過來給妳看看。」

她沒好氣地應了一聲，我便去行李箱裡取出圍裙讓她看看。

回來時，另一個督導也來了，我印象中這個中長髮的女督導好像叫「Alina」，她與 T 小姐在辦公桌前竊竊私語地討論著什麼，直到發現我回來才停止。

我一聲不吭把圍裙攤在她倆面前，幾個污漬在辦公室的白光下看得特別明顯。

「可以換嗎？」

「不行。」Tessa 的語氣依然堅決。「這些妳回去洗乾淨就好了，圍裙沒有壞，是妳沒洗乾淨，妳到底有沒有在洗圍裙？」

「我有洗啊！ 這些是污漬是真的洗不掉了，我漂白水都用過了……洗不掉。」她這是什麼蠢問題，誰會不洗衣服的，更何況是制服。

「我覺得我還是需要換一件新的。」

「你有天天洗嗎？不然怎麼會洗不掉。」一旁的 Alina 也加入風涼話戰局。

我真的很懷疑她到底是有沒有洗過衣服，問題一個比一個蠢，什麼叫怎麼會洗不掉？阿就是洗不掉，我是要跟你解釋為什麼衣服會髒，會洗不乾淨嗎？

「我沒有天天洗，但我一週至少會洗一次。這真的洗不掉。」

「妳要天天洗啊！每次飛完就洗，不然也不會這樣。 制服就是要每天洗，這還要我教妳嗎？」我不發一語，Alina 的話我連回都不想回。公司如果發七件制服我就天天洗，不然誰會天天洗制服，妳天天洗給我看啊！看乾不乾的了？

「妳一個乾乾淨淨的女生圍裙遭成這樣，妳有什麼話要說？」

「發給你們的圍裙本來好好的怎麼都可以搞成這樣？」

「而且這個口袋，不能放這些東西，這樣鬆鬆的多醜。」

「一個個髒了說要跟我換都要換，我這裡要給出去多少圍裙？妳這看起來根本沒洗吧！」

他們倆妳一來我一往的左右開火，我站在中間除了覺得可笑，沒有其他情緒；口袋不能放東西，那要口袋幹嘛？人都站在這裡給你罵了，新的圍裙總要給我換了吧？

於是我等她們念得開心，告一個段落時，差了一句，表示我還是想換新的圍裙。

她倆同時抬頭，和我對視的眼中充滿訝異和怒氣。我則依然面帶微笑地看著火冒三丈的兩個人，鎮定自若地提出原本的訴求。

對於他們說出多難聽的話，我完全當作耳邊風，沒往心裡

去。

「去填單。」Tessa 冷冷地表示。

「謝謝。」我悻悻然地走到前面的櫃子，拿了張單開始填寫。

她們倆此刻一定氣到不行，雖然我看似什麼也沒做，但就是因為什麼也沒做，沒低聲下氣的道歉，沒緊張兮兮的表示已盡力把制服洗過了，沒對他們的謾罵做出羞愧的樣子，沒像某些人拼命想和他們打好關係一樣。

面帶微笑老神在在地站在她倆中間，沒有對他們不恭，沒有回嘴，但也沒有道歉的意思，因為如此她們也拿我沒轍，只能氣到自己。

而我對他們的話只當耳邊風，全然沒往心裡去，以他們怒氣衝天卻無從發洩的程度，我想他們可能感受到我的意思了。

交了單，本以為事情也就如此的我，還是低估了主管的厲害。

一分鐘後，Alina 過來交代我，飛回來務必帶公司發的另一件圍裙過來給督導檢查。我表示知道。

再過了三分鐘後，Alina 又走到我面前表示，要把我從今天的航班中 off load，就是不讓我去飛今天的班的意思。

Off Load 是多嚴重的事情，我震驚了一秒，才反應過來。

不知道有沒有公司組員被 off load 過，就算有但在我飛的

這段期間也是史無前例，而因為這麼瞎的理由被禁飛的，絕對是絕無僅有。

我告知了同機的組員後，每個組員全震驚的目瞪口呆，七嘴八舌地問我到底發生了什麼，相較於他們的驚慌，此刻的我反而是憤怒大於驚慌，不滿的情緒到達了最高點。

交代完事情原委後我轉頭就走，一刻也不想待在這停留。高跟鞋一步步踩在機場光滑的瓷磚地板上，喀喀作響，每步都是怒火中燒，Alina 吩咐我，離開後直接到總部找 Rena 談話。

Rena 要見我，我知道我的好日子恐怕是到頭了。

再次踏進她的辦公室，少了第一次的緊張感，我告訴自己該說什麼就說吧！就跟上回一樣，沒做什麼虧心事，他們也拿我沒轍。

對面桌的女人，皮笑肉不笑的盯著我，我也面無懼色回望她，良久後，他終於開口。

「你知道我要她們 off load 妳的嗎？」她直視我的眼睛彎出了明顯的弧度，嘴邊的笑意更是藏不住。

我默不作聲。

是她的話就真的情有可原了，沒有任何人會因為這點小事就被禁飛的，禁飛我還要再抓另一個組員補上，當時時間已經很緊迫，在臨時抓來一個組員，很可能會耽誤到起飛時間，因而延誤。

就算幸運的沒有因此延誤，每天的待命人數也有限制，若到了其他真正需要用人的時候組員不夠，更是難以處理。在這些因素存在的情況下，還是要把我弄走的人，那得是職權多大和多討厭我才行啊！

接下來她要我還原一下當時的狀況，基本上就是我每說一句，她反駁一句，完全不相信我的說詞。

「⋯⋯然後，我就去外面拿圍裙，回辦公室給他們檢查⋯⋯」

「那為什麼 Alina 說你不給他們檢查，還硬要換圍裙。」

「我沒有不給他們檢查啊⋯⋯」

「那他們怎麼會這麼說，一定是你的態度有問題，你最好不要說謊，我會找他們來當面對峙，他們⋯⋯」

她繼續數落著我，具體說些什麼其實就是大同小異，我聽得很麻痺，並且對眼前這個公報私仇的上司充滿鄙視。

她就是好不容易抓住了我這個把柄，迫不及待的要對我開刀，欣喜若狂完全顯露無遺。

說了好一陣子，最後被一個救命的敲門聲打斷。

看來是有什麼會議要開，於是我就又二度被支走，今天就這麼不了了之的結束了，但我必須下次休假時再來辦公室找她，並且要帶新的圍裙過來給他們二次檢查。

兩天過後，我再度來到這個我最不想來的地方，站在她們

面前，這次多了兩個人，一個是 Alina，另一個是督導 Anne。

我拿出今天早上，剛到倉儲換的全新圍裙，以及我原有的另一件圍裙給他們檢查。

Alina 接過兩條圍裙看了一下，一條交給 Anne，我想都沒想過的是，她竟拿起圍裙貼近鼻子，換了各種角度聞個不停，檢視一陣後，板著一張臉問我。

「妳確定你拿的這件圍裙是新的？」Anne 挑起一邊眉毛看向我。

「是新的。我剛剛才去倉儲換的。」

「那怎麼有股油汙味？」她將圍裙遞給一旁，見到我後一臉嫌棄的 Alina 手上。「妳聞聞，看是不是有油汙味。」

「妳確定這圍裙妳沒穿過？這兩天上班呢？有沒有穿？」坐鎮最後的 Rena 發話。

「這件圍裙真的是新的，我剛剛才去拿的。」

我突然覺得自己在白費唇舌，他們根本存心想找碴。新的就是新的偏偏要說有油汙味，就算有，那也是公司供應商的問題好嗎？

「妳真的是今天去拿的？」

「那怎麼會有這麼重的油汙味，妳要不要自己聞聞。」

「妳檢查看看她的名牌，看是不是她的。」

任由我再怎麼強調，這就是今天剛拿到的，他們就是死活不相信。

　　「這真的是妳的？我打電話去倉庫問喔！」在他們三人你一言我一語的冷嘲熱諷下，Anne 拿起了電話撥給倉儲的人員。

　　「妳的工號？」我念了一串數字，最後經過他親自查驗後，確定了我真的是今天到倉儲換的圍裙。

　　我冷冷地看著眼前一切，覺得可笑至極。三個督導居然聞起別人的衣服，這個舉動真的太污辱人。而既然我講什麼都不信的話，何必一而再再而三地問，何必讓我來？

　　待她掛上電話後，說道：「妳在拿新的圍裙時自己也要注意，怎麼沒有注意呢？」

　　說實在，我認為這條圍裙根本沒有任何油污味，有的只是倉儲的味道和新衣服該有的味道而已，再正常不過了。

　　但我只是點頭，說：「抱歉，下次會注意。」完全不想再多做解釋。

　　「要不然你也應該洗完，再拿來給我們檢查啊！」她繼續說。

　　我繼續點頭。

　　我拿回衣服，將兩件圍裙疊好收好，辦公室一片沉默。

　　「你覺得你應該對 Alina 說什麼呢？」一個聲音打破沉默。

我看看 Rena，再看看 Alina。天啊！這屋裡實在是太可怕了，此刻沒有一個人可以救我。

「我想……和妳道歉。」我硬是扯出一個鐵定很難看的笑臉，但對方絲毫不領情。「我當時的態度可能有點太直接，然後溝通上有點誤會，我在這跟妳道歉，對不起。」

可對方顯然完全不領情，扯開嗓子就一副要吵架的架式。

「妳當時的態度已經不是直接而已了，根本是態度很差，好嗎？」

她邊罵邊用停頓的空檔瞪了我一眼「妳覺得妳道歉我就該原諒妳嗎？妳那時堅持要換圍裙態度還很強硬時，怎麼沒想到這一點。」

這話下來，讓本來已經放棄爭辯的我再也忍無可忍，簡直得理不饒人，而且她還是無理的那個人，做人這麼小心眼又惡毒，我憑什麼要給妳便宜？

不計後果，我必須為自己據理力爭。

「我是真的認為我需要換圍裙啊！ 因為 Tessa 說不行，我才會堅持的。」

Alina 瞪大了眼睛，也許她沒想到我會這麼說。

「Tessa 沒有說不給你換啊！」

「有的，她說了不行。」

「沒有。」

「有，她說了三次。」我根本停不下來，怒氣直逼腦門，這人根本張口來就亂說，說假話連眼都不眨。

「那是因為妳當時不拿圍裙給我們看，又堅持要換新的，她才不肯的。」

「我沒有不給你們看啊！明明你們說要看時，我就直接出去拿給你們了……」

「你是在我們要求很多次後才去拿的。」

我真的氣到不行，睜眼說瞎話居然能到這個地步，就怪當時沒有監視器，她愛怎麼說就怎麼說，如果能把當時的情況錄下來，現在就不會是這個局面了。

「她說了一次我就去了！而且全完沒有不給你們看的意思！」我根本控制不了自己的嘴，一個字一個字的頂了回去。

「妳不要狡辯了，要不然我們去找 Tessa 來看她怎麼說。」

……

說什麼又有什麼用，反正他們愛怎麼說就怎麼說，他們就是一夥的，這些人簡直噁心透頂。看著她得意的嘴臉，我就想吐。

「我……」

「好了，不要吵了」Rena 阻止了我們倆的爭論。

「首先，妳不該用這種態度對妳主管講話，已經跟你說過了。其次，我是讓妳道歉的，這樣看來妳根本一點悔意都沒有。」

她意味深長地看了我一眼，我在她冷淡的眼中讀到了，坐收漁翁之利得逞的喜悅。

「我要給妳一支 warning，和一個 reminder。」她做出宣判。

「一是因為妳的態度，二是因為妳的圍裙。但是，如果妳現在依然沒有給我們看到一絲悔意，我們不排除會再給予妳更重的處分。」

我已經可以預料到這樣的結果，但聽到這樣的定奪還是頓時說不出話來。因為一條圍裙，當天被禁飛還不夠，還要給我這樣的處分，甚至更多？

對這裡的人，對這個公司已然是心灰意冷，這根本是公報私仇，她跟我都一清二楚，上次沒能讓我受到懲罰，這次一併奉還。

「妳這樣態度有問題，我們很難讓妳出去飛。你上班時也是用這種態度面對客人嗎？」

「妳穿上制服代表的是我們公司，妳對同事，對上司都這樣了，對客人還得了？」

「穿著這麼髒的圍裙，自己也不知道丟臉嗎？」

「就不要哪天被客人拍到，不是因為妳美，是因為妳

髒……」

「……」

「……」

一句句難聽的話傳進耳中，我的不服、我被踐踏的自尊和滿肚子的委屈，迅速在心中爆炸，所有情緒再也裝不下，導致我的身體止不住地顫抖，眼前的視線逐漸模糊，我努力克制著不掉下一滴淚。

我現在真切知道了，不是所有事情都能夠是非分明，也不是所有事情都能討個公平。面前的三個上司就這樣，一起羞辱我直到他們開心，直到他們發現我眼中的閃爍。

其中一個說：「很好，我看到你的反省了。早就該這樣了啊！」

這句話一出，我眼裡的水珠，頓時全都不爭氣的奪眶而出。

怒氣、怨氣、無奈……所有情緒都無所謂了，就這樣吧，可笑、其有詞理到了極點，反正這就是我們公司上頭掌管權利人的嘴臉啊！

「這都是小事，以後別再犯就好。」Alina 說。

我一個個掃過他們的眼睛，只顧著掉淚，什麼也沒說。

好蠢，他們似乎真認為我反省了，知道錯了……不管什麼原因，眼淚，在很多時候還是挺管用的，至少他們閉嘴了。

「謝謝。」

　　我對著他們三人鞠了個躬，留下了兩個字，而後離去。謝謝她們教會我的現實，謝謝她們讓我領悟社會那麼不美好的一面，謝謝她們給我上的這一課。

　　離開吧！ 我抹去眼角的水珠，下定了這個早晚要做出的決定，這也許不是最明智的辦法，但這卻是我唯一能作主的決定，那就是自己的去留。我不想在一間由這樣的人掌握大局的公司待著，不想再對著這些人陪笑臉，不想下次見到時還要佯裝自己真的在乎的和她們打招呼問好，假裝自己不厭惡她們、不噁心這一切。

　　隔天，我遞出了辭呈，自己畫上的飛行生涯的句點。

關於分享。

一個很奇怪的現象，關於分享。

小時候，我們總是急著分享。遇到開心的事，我們就把笑聲分享給身邊的人；遇到難過的事，我們就毫不遮掩地哭泣，巴不得全世界的人都知道你受了委屈。那時我們對這個世界的告白總是直接。

而只長到了現在這個年紀，我就對分享產生了遲疑。

長大後，我們開始學會選擇性的分享，什麼該說，什麼不該說，我們都會視情況而有一套自己的標準。

工作中的分享，更是要拿捏好分寸。分享是人和人拉近距離最主要的方式，只要你和這個人說得越多，你們就越熟悉，越熟悉正常清況下也就更加親近。你在工作中跟越多人親近，對自己總歸是百利而無一害的。

但有時，卻會因為自己的付出和分享，受到傷害。你的真心對待，可能得不到相同的回應時，那種寂寥的心寒，只有被傷害過才明白。

而經過前一陣的風波，我又更清楚的明白這點。事情傳得很快，可以說是各種版本都有，有人說我的圍裙跟抹布一樣髒、有人說我對著主管飆罵髒話、有人說我甩門離開…我都不知道這些是從哪傳出來的，人們無中生有的本事真的是棒的令人無話可說。

　　有些原本跟你親近的人，也開始嚼你舌根，有些原本對你挺好的乘務長，也開始翻臉不認人，像從不認識一般對你視若無睹。以前一起飛時建立起的感情，分分鐘碎了滿地。

　　其實我早該預料到會是這樣的情況了，只是總還心存希望，希望那份一起分享、一起聊天的情感能延續，帶下飛機後還依然存在。

　　我跟身邊真正的姊妹聊起這種現象，大家也十分有感；不管你在飛機上聊得多火熱，從自己打娘胎出生聊到以後的生涯規劃，從現任男友再聊到前男友再聊到前前男友，把彼此的每段情史都瞭若指掌了，或是聊旅遊、聊化妝品、聊運動、聊健身、聊房子、聊經濟、聊風水、聊班表、聊工作……當然還有最容易切入的聊八卦等等等，大多的空服員都有個特點，那就是特別能聊，天南地北的聊。反正只要跟你飛到，一上機就如同至親般，跟你熟到不能再熟了。

　　但這種情誼來的快斷得也快，只要航班結束，下了班。大家一樣各自過回自己的生活，該來來該去去，下次見到一樣有如陌生人，其實這倒也沒什麼。但就是有些人就是前一套後一套，你和這些人打交道，最後自己怎麼死的都不知道。

　　所以日子久了，我們便失去了分享的動力。反正在機上

和人講得在多，下了飛機後還是一樣形同陌路。

　　有時還多說說錯，而你說的事情，你發生的事情，真正關心的人又有多少？真正在乎的人又有幾個？ 別人對你是半真半假，那你也做到如此便好，這都還該歸類於調適得不錯的情況下。最可怕的是，有一天你忽然不想分享了，你不想說了，覺得多說一句話多是多餘，多說一個字都是浪費。

　　於是你安靜地坐在一旁，看著這群美麗或帥氣的同事，鬧騰的說著吵著，而這全都與自己無關，很有趣的是，你竟覺得這樣很輕鬆。

　　「嘿，你知道嗎，聽說昨天有個組員誤放了滑梯耶……」

　　我笑而不語，心中慶幸，終於能從風口浪尖退出了。

看得越多，聽得越多

你是越清醒還是越糊塗？

起手，落子

此消，彼漲

雲卷，雲疏

花開，花落

離開，是一件五味雜陳的事情。

當東西真的全都清空時，心裡空空的感覺是什麼？

一扇看了近兩年的窗口，我知道關上房門後，這裡就不再是歸屬 不再是家了。

每一次告別，最好用力一點

多說一句，可能是最後一句

多看一眼，可能是最後一眼

難以放下的，也許是這座城市又或許是這裡的你。

離開一份工作。離開一些人。

離開一段記憶和痕跡。

無論我們已經擁有多少，我們的心，總是想要「離開」。

有些煩惱，離開了，就淡了。

有些糾纏不清的人，風吹過，也就散了。

倒數。

決定要離開後，心態上就有了明顯的改變。

可能人就是這樣，本來厭世和厭飛的心情也不再那麼強烈了，每天去上班就會有這是我最後一次見到這個人的感覺，不管是好人還是不好的，都會變得珍惜，好的會不捨，而不好的也就不怎麼介意了；言行也有別以往變得無畏，一種你奈我何的心理。

當進入倒數十個航班時，才真的開始有這就是最後的感覺，每天一個一個航班扣掉，一槓一槓的打叉……我這樣形容並沒有要鋪成，形容有多傷感之類的，我反倒是每天很興奮地等著脫身的日子到來。

交信後的一個月，我每天都很開心地去上班，突然一切都變得可愛了，飛機很可愛、組員很可愛，連難纏的客人都可愛了起來。

上機後大家的話題幾乎都圍繞著，「離職後要做什麼工作呢？」、「對未來有什麼規劃啊？」、「最後幾趟的感覺如何？」、「為什麼想離開？」……諸如此類的問題。

有些人會像做身家調查一樣，死咬著不放問的水落石出，

問題是我其實沒跟你那麼熟，對於這樣窮追猛打的一類人呢？我都會回答的天方夜譚，但依然一本正經。好啦！我知道這樣很好幼稚，但看對方一臉吃驚真的很有趣，然而你也知道他們不是真正的關心。你到底要去哪裡？做什麼？所以就算說「我要移民加拿大」、「我想發展演藝之路」、「我夢想出一本書」……胡亂說點什麼，也沒人會真正在乎的。

而對那些真心實意想了解的，我才會真的用心和你聊天，不要問我怎麼知道誰是真心實意誰又是虛情假意？這是一種直覺，頻率問題，飛久了自然會明白的。

還記得最後那幾天，飛到一個剛飛沒幾趟的新人，簽到時並沒有特別注意，起飛後做服務時，聽口音一問之下才發現也是個台灣人。那趟飛行和她聊了很多，她叫 Jeniffeer；是九十幾梯的學妹，那一梯次只有她一個台灣人，其他都是日本籍和韓國籍的組員，訓練時沒人能和她用母語交流，找房子時也只有被人選擇的份，在加上她跟飛的師傅是出了名的嚴厲，前面飛的幾趟遇到的組員也不友善，而我是她遇到的第一個台灣人，第一個和她聊得這麼深入的人，說著說著小學妹竟然哭了出來……

我能想像她的孤單和不安，如果一路走來沒有同學的互相幫助、相互支持，我不認為我可以像她這麼堅強的撐下來，當時的苦和外人講是不會明白的。

然後沒有誇張，我靜靜地抱著她拍拍她的背，她暗自的抽蓄，是真的心疼，希望她能在這裡好好生活。

那天結束後，我把那個學妹的名字告訴了室友，希望如果

有機會多多照顧她，或是一起出去走走也好。我能做的也只有這樣了，如此而已。

而和小學妹飛完的隔天，迎來的是令許多組員聞風喪膽的大魔王，飛前大夥還是緊張兮兮地聚在一起，祈禱魔王今天心情好，不要在安全問題時開罵，而對一個要離職的人，相較於其他人的緊張，我驚訝的發現我的心情竟然沒什麼特別的波動，就連魔王選我在前艙做他的助手，心理也沒有一點擔憂。而那天出乎預料的我居然跟魔王相談甚歡，原來抽掉害怕和警惕是這樣的感覺，果然是看誰誰可愛，連魔王也有可愛的一面啊！

最後這一個月過的很快；上班時，和組員拍了無數留念的合照，在機艙各個角落來回多走一下，拖著行李箱蹬著高跟鞋，走過機場時感念一下過去；休假時，忙著和朋友們把握最後的相聚時光，規劃最後便宜的機票出國走走，把想吃沒吃過的餐廳吃了一遍，還要撥空抽出時間來搬家，在這樣的忙碌之中，期待已久的 Last Flight 終於來了。

那是一個通宵的曼谷來回航班，晚上十點五十起飛，早上六點十五落地。

組員都很好，最重要的是還有同梯的好同學。我們登機、後推、起飛、平飛、發餐、收餐、聊天、下降、落地，全都和往常一樣沒有不同，唯一不同的是，我終於要離開屬於我在三萬英呎上的辦公室了。

走下飛機，深深吸了一口氣，剛劃破地平線的太陽灑下朦朧的光暈，清晨的空氣還是那麼的舒服。

回過頭看了身後巨大的鐵鳥一眼，Yiesha 捕捉到我些微的表情變化問我：「會不會捨不得？」

　　她剛才在飛機上也問過一次，我斬釘截鐵地應了〝不會〞兩字。

　　但是現在，我點了點頭，看著寬闊的機翼輕聲答道，

　　「會的。」

永遠學不會的
離別。

　　我們班開始時一共是二十三個人，包括兩個澳門人、一個中國人、一個韓國人和我們其餘十九個台灣人。

　　現在僅剩十個人不到了，面對同學一個一個接力式的離開，每次道別都會有種無法言喻的情緒堵在心頭。

　　本來在你生活中和自己朝夕相處，一同奮鬥過，如同家人一般的人們，一個一個的消失在日常裡。我依然常有種錯覺，可能在某個轉角依然能和他不期而遇，其實再也遇不到了。

　　曾在綠地球和花花等，台灣航空公司飛過的人也說過，這裡培養出的同梯關係和以前在台灣時的同梯就是不一樣；可能是因為我們在這個陌生的國度，唯一熟識的人或是唯一和自己綁在一起的就是這麼一群人了。

　　我們一群二十幾個人，交織出的故事就如同電影情節般精彩，總是熱熱鬧鬧的笑聲不斷　，我很開心自己能成為其中的一份子。

　　第一次感受到難捨的分別，是送一個好關係特好的姊妹離開。

我和 Yoyo 從面試的時候就認識了，那時是第二輪面試，要做英文的簡易辯論，我記得題目是「你認為空服員需要有男生嗎？」我們倆在相反持方，但她剛好在我旁邊。

　　最後宣布誰能留下時，叫了幾個人出去，我們悲慘的看著對方正以為結束了的時候，才發現被叫出去的那些人竟然被支走了，我們留下的人才是入選者，我們驚愕地看著對方，兩人眼中同時爆出喜悅的光芒，死掐住對方手，但表面還是故作鎮定。事後我們交換了聯繫方式，並誠心期望我們都能從第三關中勝出。

　　Yoyo 要離開了，在機場我們相擁道別，一群人笑中帶淚的又送走了一個沒有血緣關係的家人。看著她的身影走向離境的閘門，然後淹沒在人海裡，

　　消失了。

　　也許往後你們的關係還是那麼好，但你的日常就是沒有了對方，你們成為了彼此人生的前一節篇章，離開的那一刻起，各自都開始寫下新的樂章了。

　　也許你們會在之後的某一次聚餐聊起從前，聊起那些大半夜熬夜苦讀的磨練、那些為了馬甲線瘋狂跑健身房的日子，或是大夥同仇敵嘅著抱怨公司制度的憤慨，又或是那天離別時哭紅了眼的傻氣。聊起那些過去，那些已成為前程往事的雲煙。然後懷念，而後微笑。

　　經過這麼多次的離別，今天該自己當一輪主角了。

要離開的前一晚，我跟 Belle 躺在一張床上不停聊到深夜，完全沒在管隔天是一大早的飛機，就這樣聊了整個通宵，講什麼不重要，就是總想再多講點什麼，捨不得入睡，我突然有點抗拒明天的到來。

　　Belle 是我在這裡最好的朋友，感情甚至好過親姊妹，好多個早晨都是在她的撲床攻擊中醒來，平時沒意外的話我們早餐、中餐、晚餐幾乎餐餐都一起吃，休假想賴在家、想出門走走都會第一個想到彼此，有時在家悶得慌，就到隔一條街的公園手拉手散步聊天，什麼心煩事都會消失在陣陣笑聲之中的。簡單的生活，簡單的人，就算處在這複雜的世界裡，有妳也就足夠了。

　　現在在機場辦著相同的手續，排隊、托運行李、換登機證，然後接著入關、登機最後起飛。這如出一轍的過程，每次的心情卻不盡相同。此刻的離別，心裡是喜悅和傷感參半的，環視這個小小的機場一圈，這個我閉著雙眼都能刻畫出來的機場，也許往後再也不會回來了。

　　送機，好像有一種魔力。可能因為我們都知道，最終迎來的結果都是「離別」；不管什麼型式的送機，都會有股耐人尋味的心緒湧上心頭……這次，有點強烈。

　　當我們把道別化作一個個擁抱，轉身離開時，看著面前一雙雙濕潤而澄澈的眼睛，視線還是漸漸模糊了起來……唉，此刻只想說一句陳腔濫調：「我以為我不會哭的。」

　　眼淚止不住的嘩嘩往外流，說了多少次的保重、再見好像都不夠。

　　「秋，妳要好好的。」

「要再回來看我們喔 ！」

「姐姐，我會想妳的……」Belle 說。

　　一聲聲叫喚在身後，揮了揮手，這次換我被淹沒在茫茫人海之中，消失了身影。

曾經，你嚮往那些複雜的關係，虛榮的覺得，那些像是拍電影般的悲歡離合才是人生。

　　當你，終於成為其中一環時，感受到的卻是每日混亂波動的思緒、揪心的快樂和釋然的分別。

　　你是我的 秘密⋯⋯

好了，就到這裡了。

總說離開離開，從今天開始不用再說了；走這件事，說容易不容易，但說不容易卻也可以輕而易舉。

該感謝些什麼呢？

就感謝機會和緣份吧！有這樣一個機會讓我完成最初小小的夢想，因為這個機會才有緣份讓我們相聚在這裡，進而相識。

在這裡認識了來自世界各地不同國家的朋友，從來沒想過我的生命中會有這麼多來自不同地方，韓國、日本、澳門、香港、中國等地的好朋友們，甚至是歐洲國家義大利、西班牙、荷蘭、法國等的同事們，這裡就像一個多國混合的大家庭一樣，大家用個種語言交流，當然絕大多數語言不通的情況下，還是以英文溝通最多。大家把自己國家的文化帶入工作中，融合碰撞產生出一種新的工作型態。

無形之中這個工作從裡到外改變了我不少，在這座孤島生活了兩年裡，變得更加獨立一定不再話下，

遇到各種事情也比較能處變不驚，跟各種人相處或是被放到不同環境下也能處之泰然，自然應對不會感到不自在。這樣

的改變如果不是這裡，我可能要花好幾倍的時間慢慢成長，慢慢學習這些無形的事物。我感謝這裡給我的一切經歷，在這裡得到的一切收穫及視野全是無與倫比的寶藏，它將會靜靜停留在心中，並且成為我的一部分。

最最不捨的是，將這段日常生活畫上句點；人，你真的想見時，怎麼都可以再見的。我們可以一起吃個飯聊個天，甚至一同旅行。但再怎麼樣，他們就是已經消失在你的日常生活裡了。

唉，多愁善感的人不適合離別，雖然我可以果斷的走的像一陣風，但還是逃不過自己的腦袋。最後一晚跟你們走在澳門的街道上，奇怪的心情、解釋不了的情緒，每當說再見。

我會用飛到記憶短路的頭腦記得，這裡的點點滴滴、街口巷弄的風景、每趟飛行遇到的可愛人們、有起有落的各式經歷以及最重要的我在這座孤島的家人，親愛的同學們，

今後在世界的某個角落再見嘍！

Goodbye

We are
Stay young, stay true, stay together.
TRAVELHOLIC

生命清單。

- ☐ 國外打工旅遊
- ☐ 台灣打工換宿
- ☐ 考潛水執照
- ☐ 當空姐
- ☐ 跳高空彈跳
- ☐ 跳 SKY DIVING
- ☐ 去聖都西藏
- ☐ 上喜馬拉雅山
- ☐ 上阿爾卑斯山
- ☐ 去夏威夷看火山噴發
- ☐ 上台言講
- ☐ 去芬蘭聖誕老公公的村子過聖誕節
- ☐ 去非洲看動物大遷徙
- ☐ 去南極搭破冰船
- ☐ 出一本書
- ☐ 開一間自己的店
- ☐ 到亞馬遜河遊船
- ☐ 和愛人一起看極光

大學時，某年某月的也不知道是哪一天，我突發奇想，寫下自己一直以來想做的事情，寫完後這張紙就被夾在筆記本的深處，就這樣不曉得過了幾個春夏秋冬，在我整理房間時這張充滿夢想或是說妄想的清單才再次被發現。

　　再看了一遍當時胡亂作夢寫下的狂言，就在這幾個春夏秋冬間也默默完成了 1/2，可我壓根全忘了那時的我寫下了些什麼，再次看到只有驚喜，原來這些事項一直住在我腦中深處，在不知不覺間就是會朝著那個方向前進。

　　我拿起筆，開始在我的 bucket list 上打勾勾。

　　每件事，短短的幾個字，做起來還真不容易。我的筆尖移到 sky diving 前，俐落地的畫了一個 v 字號。

　　一直以來我就是個喜歡追求刺激和速度感的人，從小時候去遊樂園，開心的連坐五次大怒神就可以看的出來。而在跳完澳門塔後，跳飛機這個念頭就一直在我腦中揮之不去。

　　於是趁著一次假期，我和一個網上找的旅伴來到澳洲東北邊的一個小城鎮——凱恩斯 Cairns。完成我們的小小心願。在這裡跳可以看到大堡礁的邊際，也不用花一兩小的時間舟車勞頓跳完能直接回到市區，因為相信我，第一次跳完後你只會想躺在床上什麼都不做而已；然後最好的是，在澳洲跳便宜，相較於日本價格是對半的。如果真的想跳可以去網上蒐蒐想去的點；像是很多人推薦的美國夏威夷、紐西蘭皇后區、澳洲黃金海岸、瑞士因特拉肯、新加玻的聖淘沙或是杜拜等等，全世界都給你跳。

　　簽完生死狀後，一群看起來心驚驚的人，就開始任人擺

佈的被套上裝備，混亂一陣後大家坐定，對面小小的電視銀幕便開始播放安全影片和簡單的教學，十分鐘後，一名教練開始說話，他隨機抓了一個人示範等等下墜時的指示和落地姿勢等等。

接下來就是漫長的等待了，也許沒有很久我也不知道，因為我的手錶不在身上，也沒有心思盯著牆上的時鐘看，反正我前前後後上了兩次廁所，原本看起來心神不寧緊張的夥伴們，也開始左顧右盼，我的旅伴則是身體往後整個攤在椅子上，看起來好像隨時可以進入夢鄉了，就在我也開始放鬆時，一群外國壯漢風風火火的走進來，身上穿著統一的服裝，大多數的人都帶著墨鏡，他們有說有笑地開始動作。

突然有人喊我的名字：〝Rachel Peng. Where's Rachel?〞 我下意識地舉手，我的教練立刻笑咪咪的朝我走來。〝You're with me now.〞

我的教練人很好，細心地跟我說了很多，也叫我別緊張跟著他死不了之類的。

我們上了飛機，一台小小的輕型機，這台小飛機居然能擠得下 16 個人也是蠻令人驚訝的。

飛機開始在跑道上滑行，然後加速起飛，跟平常上班時的感覺差不多，我心想。鐵鳥越飛越高，地面的建築越來越小，每每看著這些心裡總能很平靜，這次也沒有例外，教練問我會不會緊張的時候，我給他一個肯定的笑容，表示現在不會。

飛到一萬四千呎的時候，透明窗前的駕駛員對著後頭的

我們豎起大拇指，一聲令下機艙門 ' 刷 ' 一下的被打開，幾千英尺上的冷空氣立刻灌了進來，頓時狂風亂舞，沒有給人一秒準備的時間，坐在我前面三個位置的人，就這樣連尖叫都來不及的直接被送了出去，反而是其他人開始大叫。

沒兩下子，我前頭的兩組人就消失在天空裡了，這代表著……我是下一個阿！！！！！！！！！！

教練推著我滑到機艙口，無盡的藍天就在我面前。

〝Are you nervous now? 〞教練再次問。

〝Yes! God I am!!!!!! 〞 拜託現在不要跟我講話好嗎？我緊張到聲音顫抖。

教練看了我，壞笑了一下感覺像是滿意我的回答。三、二沒有一……

一躍而下，世界天旋地轉，分不清上下左右的強烈失重感，一切只是墜落墜落再墜落，風力壓的耳朵耳鳴什麼都聽不到，我逼迫自己睜開眼睛，不看看這介於天和地之間的景色真的太可惜。

睜開雙眼，墜落感變得更加真實，但地面仍然好遠好遠，我發現自己根本沒空緊張，因為眼前的景色真的太美下墜的速度感太刺激，我開心地想大笑，但嘴巴根本張不開。

很慶幸老天給了我晴空萬里的藍天，大堡礁的海岸線綿延不絕，海水的顏色依不同區塊有深有淺，這種美真的很難用言語形容。我依教練的指示將雙手放開，像隻鳥一樣飛翔，

手就是我的翅膀我真的在飛，在太平洋上翱翔，喜悅填滿了我全身，每根髮絲每個細胞都在跳舞，我快樂的大叫，也不知道再叫什麼，可能是我愛媽媽之類的吧！

好啦這麼一叫，剛才打不開的嘴巴，現在闔不上了，於是我痴痴地傻笑，覺得等等看 gopro 一定慘不忍睹，還好降落傘「咻」的一下被拉開解救了我，閉不了嘴的窘境。

降落傘漂亮而完整的在我們頭上展開，下墜的速度已經減少了大半，現在終於能自如的講話，聽力也慢慢回復了。

這短短的幾十秒，的確讓人有種重生的感覺，敖翔於天際間，大自然的美依然那樣令人讚嘆，我們只是天地間的一粒塵埃，但打開雙手，你就能飛；讓風灌滿身體的每寸肌膚，讓它助你洗淨一切雜念，用最清醒的頭腦、最清晰的思緒，面對你落地後的方向。

喜歡自由，喜歡自在，喜歡無拘，喜歡無束。

喜歡海浪重重拍打岩壁，喜歡浪花輕輕濺起四散，喜歡這片海捲走所有，而後歸零。

在一次次的旅行中，我們曾經一起擁有過一些什麼東西，什麼心情……

每當旅行要結束時，我總會從最初開始回味。

夢想在三萬英呎之上

聖都 / 西藏。

那一年，我磕長頭擁抱塵埃，不為朝佛，只為貼著你的溫暖。

那一世，我翻遍十萬大山，不為修來世，只為路中能與你相遇。

< 那一天，那一年，那一月，那一世 >

這一路我們大叫、我們咆嘯，奔跑然後心跳，隨著藏民的腳步走向頂峰，呼喊自我的靈魂深處。

上路吧！ 不必為明天愁也不必為今天憂，抬腳走吧 生活就在路上。

紀錄

10 月 22 日 ,2015

　44 小時又 45 分鐘從成都開往拉薩的列車，車程已過了大半。

　目前已來到海拔 2000 多的西寧，有人已經開始有高山症的前兆，輕飄飄的感覺了，希望大家都沒事。這個神奇的列車上，我默默的佔了一個角落；一節一節的車廂裡被隔成一間一間的包廂，包廂又分成軟臥跟硬臥。

　一上車我就被迫跟同行的小夥伴們分開，被分配到硬臥的車廂，原本只單純想軟臥硬臥的差別因該就只是床軟硬的差別而已……殊不知，完全在不同車廂，而且這之間的差別就樣搭飛機時頭等艙和經濟艙的差別一樣。

夢想在三萬英呎之上

我把行李箱拉到 2 號車廂第 1 包間時，當下的內心是崩潰的，小小一個包間，邁開腳兩步的距離竟然擠得下六張床，左邊右邊各三張，像疊三明治一樣，很慶幸我的床在下鋪 2 之 1 之 4，而且重點，重點來了！這些硬臥的包間，全都沒有門！！！！！天啊，兩天不能洗澡也就算了，現在連睡覺都沒有門，此時狹小的走廊已擠滿了男男女女還有小孩 ... 剛剛參觀他們軟臥時，一間包間四張床，中間還有插座和小桌子，以及最重要的門，剛才不覺得，現在一看簡直是天堂。我要堅強，我告訴自己，然後默默跟坐在我床位上的大哥說 ：「不好意思，這是我的床位。」

　　第一天夜裡，我在大哥大姊們的呼嚕聲中睡著。其實時間比想像中過得快，寫寫東西、讀讀書，欣賞一下青藏鐵路沿途壯闊的景色或是和同行的旅伴聊天看電影，不知不覺中大半天就這樣過了。

　　很幸運的遇到一群很好的夥伴，大家來自不同的生活圈，不同的國籍，但還是可以在彼此身上的找到相同有共鳴的地方，這正是我喜歡當背包客的地方。

　　神奇的列車繼續開呀開，開往更神奇的地方；說它神奇不是隨便說說，每天早上八點火車上便會準時播放，蟲鳴鳥叫聲搭配一名女子用字正腔圓的聲音念出，類似心靈雞湯充滿正面能量的短句呼喚你起床；像是 " 早起的鳥兒有蟲吃。"、" 一日之計在於晨，今天又是新的一天 " 等等。

　　晚上十點強制性熄燈，封車廂逼迫你睡覺，然後乘務員會用他的小手電筒檢查每個床位，有沒有人偷渡之類的。

而到了用餐時間，乘務員會推著餐車出來叫賣早餐、中、晚餐，乘客們則乖乖排隊買單。還有一個車廂專門設計成餐廳，不想吃便當的人可以在那裏吃桌菜。

　　每節車廂的走道上，隨處可見旅人們或坐或站的看著窗外的美景。

　　我被他們的眼神吸引，也望向他們看著的景色，然後希望自己的雙眼就是世上最好的相機。

一望無際的大地，波光淋漓的湖水

和

無拘無束的我們

雪地裡的日出。

寒風刺骨中的溫暖，心裡的溫暖，在這樣的環境卻意外的覺得

得到釋放。

10 月 24 日 ,2015

　　住在火車上的第二個晚上，硬臥的幾個大叔大姊和我聊起天來，我發現在他們粗曠，給人感覺歷盡滄桑的外表下，人其實都很好，在他們眼裡我就是個什麼都不懂，不經世事的小妹妹吧！

　　一直不停叮囑我要多穿一點，不要感冒了，第一次去西藏感冒的話，如果再加上高原反應的話很不好，還熱心的脫下手套問我需不需要；我跟他們解釋到，「大叔放心，我有穿發熱衣了，再加件毛衣其實真的不冷，只是看起來沒有穿很多而已。」

　　「那個怎麼會暖，看你穿這麼少，至少要穿個羽絨的棉襖外套才會暖和的。像我這個。」看著這個樣子剽悍的大叔一臉不相信的眼神，我突然覺得很可愛。

　　這間車廂，下鋪坐了三個人，再加上他們對面的我，四人，還有二床和五床中間已在睡覺的兩個大媽一共六個人。我們在下鋪又一搭沒一搭的聊天，可中間的大媽們依然睡的香甜。

　　大夥分享著彼此的生活，有時對這一帶很熟的大哥還會介紹一下沿途的風景，他們的生活和工作聽著就覺得辛苦，而且能夠堅持這麼多年真的很厲害。

　　坐在最左邊靠近門口，翹著二郎腿的大哥，是一位在西藏周邊鐵路做建造修補工作的工人，他是個四川人，所以會常常搭這班長達兩天的列車往返兩地，也不知道他們是怎麼輪休的，他時常一個月兩個星期在西藏的某個地方，兩個星期在成都，真的很難想像他是怎麼堅持十三年的。每次返家上工都要經過

這四十幾個小時的路程的折騰，這我肯定沒辦法的。

而一直坐在梯子上，看起來憨憨一臉老實樣的小哥說他在日喀則一處農場工作，那裏半農半牧，有河溝的地方產農作物，山坡上可以放牛吃草。之後我問了他的年紀，才發現他比我小兩歲。

最後就是下鋪真正的主人，穿著黑皮衣一臉硬漢形象的大叔了，大叔說他已經六、七年沒從西藏出來了，這次會回到中國是因為要陪自己的女兒去面試工作，面試的地點在北京，大夥一問之下才得知他女兒是要去參加海南航空的面試。這時我才說了，正巧我也是從事相同行業的工作，然後分享了一些考航空業的心路歷程，大叔問個不停，我也一一回答。

看鐵漢大叔為女兒焦急的模樣，一心希望女兒不要像自己，一輩子都在一個地方，要她多走多看看這個世界，長點眼界，神情憂慮不停的念叨著，我的心裡也跟著揪了起來，一路從西藏下到成都，在從成都搭飛機到北京，找自己的女兒，只為陪著她給她鼓勵，想必這一路遙遠也不容易，我心裡也幫著大叔祈禱他的閨女能順利考上。

就在我們聊著聊著的同時，火車漸漸放慢速度，在德令哈車站停了下來。

皮衣大叔拿起他簡單的行李，準備下車，他的站到了。當人們一個接著一個從不同的車站下車時，我竟然對這些陌生人湧現不捨的心情，列車的門被開啟，零下兩度的空氣撲面而來，黑漆漆的夜空有著明亮的星星，人來人往的旅客們朝著不同的地方前行，那長長的依然載滿人的列車停在一旁，我們互相揮

著手道別，火車的蒸氣忽然上升讓我們看不清彼此的臉龐，再見了不知名帥氣的大叔。

可是，也許都不會再見了吧，請保重，我想。

這時另一個大哥喚了兩聲叫住我，領著我去買了碗泡麵帶回車上吃，還一面細心的教我怎麼泡，怎麼吃最道地，嘮嘮叨叨的說了一堆，也不知道怎麼的，這碗泡麵吃起來特別香、特別不一樣。

這碗熱騰騰的麵，配上窗外一望無際的沙漠真的很合適。吃完後，我們分別睡去，終於明天就到拉薩了，明天也就要說再見了，開往拉薩的列車，晚安。

回到那年 10 月

那段開往西藏 44 小時的火車

那時心靈被清空完全純粹的旅程

夢想在三萬英呎之上　　**193**

10 月 25 日 ,2015

今天真切的體會到布達拉宮的神聖，讓我們這些來觀光的平民百姓，都可以在踏進宮殿那一刻感受到洗禮。

爬上一千級階梯，神聖的布達拉宮就在眼前，宮殿主體由紅白兩色組成，紅宮作為宗教之地，而白宮則為政務之所，最知名的 " 日光殿 " 就位於白宮的頂層，也是達賴喇嘛的寢宮，生活起居的場所，數以上萬為布達拉宮服務，虔誠的喇嘛們也都在白宮的西側生活。

走進宮殿內，可以看到很多穿著紅色袈裟的喇嘛們，或坐或站或跪，手裡拿著經書或是雙手合十，嘴裡喃喃低語。我安靜地走過他們身旁，深怕打擾了他們，看著他們緊閉的雙眼和肅穆的神情，我突然好想感受他們的感受，他們的信仰帶給他們的力量，而這般清靜的生活又是怎麼樣的呢？

可能是我這一生都沒辦法有的體悟，藏語中的「香巴拉」，漢語中的說法為西方極樂世界，也就是「人間天堂」的意思。

拉薩這個地方會如此出名，是因為世界上唯一，僅存的一尊開光過的釋迦摩尼在此，很多虔誠的佛教信徒會徒步翻山越嶺來到這裡，走三步一長跪，就這樣繞過重重險峻的高山來到拉薩，為的就是見釋迦摩尼佛一面；而柱子上所埋的牙齒，就是這些因路途艱辛不幸的人們，囑託他人留下的痕跡。

聽著這些神奇的故事，深深著迷，沉醉在這個披著面紗般神祕的世界裡。

記得一部電影的台詞說：要是不出去走走，你會以為眼前就是全世界了 。

10 月 26 日 ,2015

　　西藏的拉薩市區隨處可見，高掛屋頂道旁的五彩經幡，它們固定的順序為藍色、白色、紅色、綠色、黃色；這五種顏色分別象徵著，藍天、白雲、火焰、碧水和大地。經幡上頭常印有經文、佛像以及各式吉祥圖案。自古以來經幡具有祈福的意義，氣運順利、消災避難、保佑平安等意思，每塊經幡都寄託著人們美好的祝福。

　　除了這些美好的寓意之外，這些五色的經幡還……好美喔！抬頭就可以看見五彩繽紛的顏色，映著藏青色的藍天，陽光穿透經幡時，別有一番神聖的感覺。

　　八廓街道兩旁的商店很熱鬧，賣著我一輩子都沒見過的新奇玩意兒，我領著我的旅伴亂竄，興奮地東張西望，對什麼東西都很好奇。

　　我正拿起擺放在地上的棒狀物品，開始研究把玩時，阿嘉拍了我的肩叫我抬頭。

　　「欸，你看。」阿嘉手指著沿途的藏民們，「你有沒有發現他們全都往相同的方向走。」

　　的確，阿嘉說的沒錯，街上的人們的確都朝著同一個方向前進。難道那邊有什麼活動嗎，我們看了老半天，卻看不出什麼所以然。

　　我轉著手中的棒子，看著他們一邊想西藏人都臉紅紅的，是因為住在高原上紫外線過強嗎？

這時店裡穿戴整套藏服的老闆走了出來，「小姐啊！妳那個轉經輪不是這樣轉的。」他立刻伸出一隻手，一把抓住我轉的飛快的……嗯，他說這叫轉經輪。

我一臉疑惑的看著他。

他笑道，把輪身往另一個方向轉「這樣才對，要順時針轉，這樣轉才有福氣，妳倒著轉會折壽啦！」哇講得這麼嚴重，我趕緊順時鐘多轉幾圈，把剛剛的份轉回來。

「所以說，街上的人都往同個方向走也是這個原因嗎？」阿嘉問道。「要順時針走？」

老闆點點頭，一邊幫我打包。

「對，這裡要順時針走，才有福氣。」他又在強調一遍。

難怪我們在街上亂竄的時候，一直有種逆向的感覺，路上的人群也投以異樣的眼光，還好現在知道了，還不算太晚。

藏人老闆把裝袋好的轉經輪交給我，跟我細細講解；這種手拿的轉經輪，裡面都有一卷經文，向右旋轉時，則與讀誦經文同樣的功德。

而之後我查了一下，在八廓街「順時針」行走源由。八廓街為拉薩最古老的街道，古代松贊干布和文成公主遷徙到拉薩後，建造了大昭寺，於是信仰藏傳佛教的信徒們便開始圍繞著大昭寺轉經，而後逐漸形成了一條道路。八廓被藏族人稱為「聖路」，而「廓」的意思即為「轉經道」。八廓街是一條單向道，在街道上行走，必須和轉經筒的方向一樣，順時針行走。

在了解了以後，我們也加入了當地人順時針行走的行列，置身在人群中的感覺真的很奇妙。不過，有一個困擾；當你要買東西時最好快狠準，不要離開後又覺得某個東西不買可惜，這樣的結果就會跟我一樣，明明就在身後百公尺的店，你卻花了一大圈的時間才回到原點。

世界上充滿著各式各樣的人、事、物，這些都是你留在原地看不到的。

10 月 28 日 ,2015

　　清晨五點四十五分，我們過了珠穆朗瑪峰山下的邊檢站，又一路拉車往九彎十八拐的山路上開。這時的夜空還是一片漆黑，完全沒有光害的星空，真的是無與倫比的美麗，繁星點點，我一輩子都沒看過這麼多星星，夜空中的群星是那麼的立體，撒在你眼前好像可以看見整個銀河，滿眼的沒有一點空位。

　　小巴仍搖搖晃晃地往珠峰上爬，單單坐在車上而已就有隊友覺得身體不適，開了氧氣瓶開始大口吸氧。這次來西藏，萬分慶幸的是我一點高山症的徵狀都沒有，可以享受在高原處奔跑的感覺，如果有點高反這趟旅行的樂趣真的會大大減半，昨天我們在海拔約 4500 米的定日縣停留了一晚，拉薩的海拔高度約在 3600 米，拉到四千多時，有人高原反應的症狀明顯變的嚴重，全程虛弱的插著氧氣瓶，到飯店立刻呈現昏迷狀態，整天行程都走不了，東西也吃不下，原本人高馬大的男生都變得需要人攙扶。再登聖母峰的前一早，另一名隊友被送進醫院吊點滴，隔天直接放棄這趟最重要的行程，搭飛機離開西藏了。

　　七點零五分，小巴把我們放在 5500 米的高山上，那是車子能到的最高地方，剩下還有一段小山坡我們得自己上去。一開車門，高山上冷冽的強陣風立刻讓人睡意全無，帶好所有保暖工具，我們一步一腳印地往上爬，在碎石堆裡行走本來就困難，再加上高山上的空氣稀薄，明明就是一個小小的山坡都可以走得氣喘吁吁，到一半的時候，眼前出現一棟石頭屋，我們研究了一下還不明所以，就聽到嚮導說：「這是全世界最高的廁所啊！還不快去留下足跡。」嚮導笑著，自顧自的走了進去。

　　於是，大家各自留下足跡後，又開始往上爬，這時的天空

已經微微亮起，我們走的更急了，深怕錯過曙光的那一瞬間。沿途可以看到很多石頭疊成的小石塔，還有看不懂的藏文刻在上頭，據說這樣做有祈福的意義。

雖然是喘著氣往上爬，但全身依然止不住地發抖，帶著手套的手還是凍得僵硬，握拳彎曲都覺得痛，腳底也是，雖然穿著靴子卻有種赤腳踏在雪地中的錯覺。我跟身旁鼻子、雙頰凍到通紅的隊友互相加油，繼續往上。凍到像是截肢是什麼感覺，今天真真切切的體會到了。

在這零下的世界，頭上頂著星星腳下踩著結霜的地，我缺氧的腦袋竟無知的認為兩者離的很近。

當我們一同踏上頂端被經旛圍繞的那一刻，開心而激動的呼喊著一些沒有任何文字意義的字眼，心中也被一種從未出現過的情緒填滿。我們高舉著雙手歡呼，

「啊 ～～～ 喜馬拉雅山啊 ～～～～～」

「不敢相信我們真的站上珠峰了！」

「萬歲！萬歲！！萬歲！！！」

「啊 ～～～～～～～～～～～」還有人只是大叫。在這極凍世界之巔之上，就算冷到嘴角顫抖，雙手發紫，還是開心的擁抱、大笑。

我想最純粹的快樂，應該就是這樣的吧。

2015 年 10 月 28 日早上 9 時 聖母峰上曙光盡收眼底。

當你站在海拔 5000 尺山峰上，如果你還是會想起那個人，可能你騙不了自己了，是吧。

Breathe Deep, Fly High.　　　Tibet

　Stay young, stay true, stay together.

10 月 30 日 ,2015

　　最後一天的西藏行，我們遇到了封路，沒辦法從日喀則開
138 公路回到拉薩市區，要回到拉薩除了這條公路沒有別的路
了，但我們今天一定要回到市區，因為機場就在那裏。由於沒
有退路可走，我們藏族司機大哥跟大夥們都決定走泥路，從旁
繞過，一開始的路都算好走沒什麼障礙，就算塵土飛揚，曲折
蜿蜒都還開的過去，但經過將近四五十分鐘的路程後，出現在
我們面前的是一條河流——雅魯藏布江。

　　江的兩頭都停了為數不少的車輛，全卡在這裡，看來決定
抄小路的人車都聚集在此了。我們一車的人兩眼發直地對著寬
度不算窄的江面，面面相覷，大家都一臉完蛋了現在怎麼辦的
表情，其實這時最崩潰的是我們可憐的司機大哥，剛剛在開泥

路時就已經夠心疼他的愛車了，現在還要過河，真的是越來越瘋狂了。

這時，對岸有台車開始按耐不住有些動作了，我們大夥也都下車看看有什麼辦法。只見那台銀色小轎車，先是倒車退到一定的距離後，停在原地。

「他不會是想衝過來吧！」其中一個女團友表示驚訝。

「不會吧，這江面雖然不深但寬的很，車要過來應該沒辦法。」

「對啊！車應該會卡在中間。」

就再我們還在討論時，銀色小轎車突然加速朝雅魯藏布江的右面衝去，江邊的人都驚呆了，紛紛下車察看。

轎車一鼓作氣的衝到河中間的一處小坡上，那裡的地勢稍微高一點，水只吃到輪子的三分之一，小轎車在那裏停留了大概十幾秒，又加足馬力往我們這頭衝過來，水花四起，我們驚呼連連，江邊的人們開始躁動幫他加油，每當覺得車子快被急流沖走時，他又奇蹟似的導向正軌，就這樣一來一回看得我們心驚膽顫。小轎車跟我們的距離越來越近，你幾乎可以看到車上司機猙獰的表情，最後油門一催終於上岸，兩岸的人都幫他歡呼，也都松了一口氣。

由於他開了這個先例，停在江邊的車主們開始個個蓄勢待發，我們的藏族司機也跟大家討論要不要試試看這個方法。

我們討論的過程中，周圍勇猛的藏族同胞們也紛紛開始嘗試渡江，十幾二十輛車就這樣過去了，但其中還是有幾輛車卡在河床中間動彈不得，險象環生。

二十分鐘後，我們決定衝了，一起橫渡雅魯藏布江，其實也是因為沒有別的辦法、沒有退路了。因為我們的車比一般轎車來的大，所以感覺上又更困難一些，我們所有人懷著不安的心情上車，把行李、氧氣鐵罐和大件的東西固定好，然後安全帶繫好，乖乖坐好，也不知道這樣有沒有幫助，反正現在也顧不了這麼多了。

沒有三二一我們勇猛的藏族大哥，油門直接給他催下去，一大車的人叫的叫，念經的念經，發揮念力就只有一個字「過」

啊！！！千萬不要像前面的小紅車一樣卡在河裡。

我們的旅遊車比一般的轎車更大更重，也不是什麼四輪傳動，吉普越野車什麼的，過江時水花濺的超高，司機還索性開起雨刷，他還滿鎮定的嘛，我們後面一群老弱婦孺簡直嚇得心臟要停了。

細節我是記不清了，只印象雅魯藏布江土黃色的江水濺的老高，雨刷瘋狂的來回拍打，後照鏡前掛著的佛珠劇烈搖晃，應該說整台車都劇烈的搖晃，還好最後在我們一群人的驚叫聲中，總算是成功橫渡了雅魯藏布江。

過了江我們又花了兩個小時的時間，一路跟牛羊作伴，最後在大家都要崩潰前終於接回 138 公路上。

經過一處荒山野嶺時，嚮導講起了關於藏族的天葬習俗，他指著前方峭壁旁的幾顆大石頭，石頭上刻有梯子（天梯）的印記，他說那就是可以舉行天葬的地方。天葬是在藏族最常見的喪葬方式，這個習俗已經有上千年的歷史，因為西藏為高原地帶，本身地質堅硬，植物稀少，較不適合火葬或土葬。

家屬將藏民的遺體運往天葬台後，天葬師會將亡者的屍骨剝離，骨頭用石頭砸碎，給禿鷹啄食，亡者的靈魂也可隨鷹升天 。

聽他敘述著天葬的細節，可能他真的講的鉅細靡遺，聽著我都起雞皮疙瘩，但不是因為覺得可怕。

　　人從生來時便清清白白的來，死後也什麼都帶不走。一具具屍體躺在你面前，不管生前是貧是富，什麼性別，什麼年齡，你所經歷的一切悲喜，美好的、痛苦的，擺在眼前結果都是一樣的，這就是人，一具白骨，最後什麼都不剩。

　　你現在所執著的一切，不管是一個男人或是一個女人都是多麼可笑的，你平時的所有情緒都顯得多麼沒有意義，你擁有的你失去的、成功或是失敗，這一切都是身外之事，與解脫無關。你來的時候是一個人，走的時候也是一個人。執著在意的、煩惱憂傷的、得意喜悅的、絕望憤怒的這些又算得上什麼，何必呢？

我聽他說著，看著成群的禿鷹翱翔在藏藍色的天空下，心中沒有一絲雜念，最後一天在這神秘國度，依然感受到很多。

眼底星空。

　　看著這樣毫無雜質的夜空，多希望當它映在眼底時，也能這般的寧靜而清晰。

一生一次，再見了我的夢。

Stay young, stay true, stay together.

火雞國 / 土耳其。

如果你問我，我認為最棒的旅行是怎樣的旅行？

不是跟家人、不是跟戀人、也不是自己去探索世界，是跟朋友們一起的旅行。

一群好朋友的旅行總是充滿笑聲，而四個女生一起旅行，就像演出一篇精彩的慾望城市影集一般美好。

第一天我們來到土耳其最知名的城市之一，伊斯坦堡。披上頭紗把自己包裝成一名伊斯蘭女子，不過顯然沒有太大的作用，因為還是一推當地人來找我們拍照，四個亞洲女子走在街上就像動物園裡的稀有動物一般，一天就湊足二十組與陌生人的自拍，感覺間接體驗了大明星走在路上的困擾。

第二天穿梭在香料市集的攤販間，彷彿把一輩子的我愛你都聽完了，包含各種語言，中文、英文、韓文、日文、法文⋯⋯我們還因此學到了泰文的版本，也不知道是誰灌輸他們只要說了「我愛你」東西就能賣出去的觀念，完全適得其反啊，我們被嚇得聽到我愛你就想手刀逃走。

第三天我們置身歐亞交界的海峽——博斯普魯斯海峽。左邊是歐洲，右邊是亞洲，而我們身在其中。感覺神奇的又不可思議，終於不是左邊中國大陸，右邊寶島台灣的台灣海峽了。船上左搖右晃，鬱金香杯中的土耳其紅茶好像隨時都會濺出來，逼的我們連忙一人一杯乾的精光。

接下來我們來到傳說中的純白世界，棉花堡。光腳往上一踩，觸感跟棉花卻八桿子打不著關係，雪白如棉的比喻原來就真的只是比喻，從最底走到最頂，像極了海軍陸戰隊的天堂路。好啦，天堂路也許誇張了，但絕對稱得上是專為腳底設計的健康步道。眼睛的享受和腳底的折磨完全呈現正相關，不過雖然被腳下的石灰岩折磨，然後又被天然純白的反光板烤成熟蝦，為了眼前世界獨有的美景和純淨透著淺藍清涼的溫泉水，再上一遍刀山也值得。

就算以上所有的體驗都是獨一無二，但我們來土耳其的最終目的始終還是只有一個。那就是在卡帕多奇亞坐上熱氣球眺望整座城鎮。

「我們飛起來啦！！！！！」

「飛、飛、飛、終於飛起來了！！！！！」

「天啊！！！！這真是太神奇了！」

「啊 ～～～～～～～～～」

在熱氣球升空的瞬間只有感動，我們紛紛大叫，最後一個

是 Belle，因為她的懼高症又犯了，喜悅的興奮和恐高的害怕同時寫在臉上，惹的我們哈哈大笑。

　　我的右手被她捏到發青，真不知道一個恐高的空姐到底是怎麼一回事，我哭笑不得的繼續奉獻自己的右手，確保整個熱氣球上乘客耳膜的安全。

　　熱氣球升空時還是清晨，腳下的整座城鎮依然籠罩在昏暗中沉睡，然後天空在我們面前一點一點慢慢亮起，上百顆熱氣球環繞在身邊，各式各樣五彩繽紛的巨型氣球飄浮在空中忽高

忽低，配上底下玄武岩和火山岩形成的奇特地形，眼前這副景象我用想像都想不出這麼壯麗而奇幻的畫面。

當風拂過臉龐，將長髮吹過耳後，看著身旁朋友們一張張滿足的笑臉，還有散發著光彩的雙眼，我們乘著晨曦裡緩緩而升的熱氣球，在陽光灑下來的瞬間，彷彿還看到了什麼？對了那叫作，希望。

也許還有人會問，旅行的意義到底是什麼？

到現在我還是說不出什麼準確的答案，但可以肯定的是——

There is nothing better than a good travel.

讓我們在最美好的年紀去旅行

你想要的飄飄欲仙
／荷蘭。

　　我們都知道在大多數國家的法律中，大麻依然是違法的毒品，但我今天碰巧路過了一個國家叫做，荷蘭，一個對大麻沒有限制的國家。

　　將中指與食指形成一個叉，一根管子架在上頭，抽菸的人慣有的動作。小時候總覺得抽菸就是不好，覺得抽菸在心裡的不良排名就跟毒品沒兩樣，可現在我嘴裡叼著的不是菸而是一根貨真價實的大麻。

　　咖啡店裡煙霧瀰漫，充斥的濃濃的大麻味，應該說這整個城市只要你留意隨處都是這股若有似無的味道。原以為對大麻、蘑菇這類違禁品相對寬鬆的國家城市會造成混亂的，在這裡卻完全不是這麼一回事。至少我遇到的人普遍來說都很和善，在被河床支流貫穿的城市裡漫步也很舒服，這裡的房屋建築真的別具特色，一個個充滿特色可愛的房子緊緊相連，窄窄長長、歪歪斜斜，面對街道的牆全都是窗，有一部份還陷到底下，呈現大門在 B1 的概念；而因為河道貫穿的關係，這城市為了連接道路，橋的數量自然也不會少，還有一個多得嚇人的東西就是，腳踏車了。從沒見過一個國家的人這麼熱愛騎腳踏車的，一踏出中央車站就能瞧見停車場裡滿山滿谷的腳踏車，和路上騎車

騎得相當熟練優雅的人們。

　　整體荷蘭給人的感覺就是很適合人居住，販賣在我國看似是違禁品的店家隨處可見，但社會秩序卻絲毫不受此影響，真覺得這應證了一句話，越是禁止的事情人們越想去做，一旦不禁止了一切就好像呼吸一樣稀鬆平常，沒什麼大不了的。

　　我們所在的咖啡廳，也就是販賣大麻的地方。這些商家的門口都會標示著〝coffee shop〞的字樣，但千萬別誤會，這裡不是賣咖啡的，而是專賣大麻的商店，如果只想單純的喝杯咖啡，請別到閃著 coffee shop 的店裡，你只會被濃濃的大麻味嗆的窒息而已。

　　走進這家店時我們是鼓起勇氣，在門口來回踱步兩三回才推門光顧的，畢竟是第一次到這種店裡，完全不知道該怎麼做，就是直接正大光明到櫃檯說〝Can I get some weed？〞還是要透過什麼秘密暗門跟哪個特定的高人買，我們兩可是完全沒經驗一點頭緒也沒有，在外頭盯著落地窗內煙霧瀰漫的室內，躊躇了一番。

　　「叮鈴」推開門後，撲面而來濃濃的大麻味立刻進入肺部，裏頭的擺設很簡單，長形的室內一邊是吧檯，另一邊則是一排座位，座位上三三兩兩的客人坐在那，手裡都叼著一根讓他們開心的東西。我們進門時，所有人一個個轉過腦袋看向我們這邊，好像覺得兩個國外來的觀光客走進來很稀奇似的，他們看我，我也看他們。他們的眼睛都很渙散，只是程度不同，有些看起來似乎找不到焦距，其中一個最裡面的大叔，七橫八豎的躺在那，我懷疑他到底還看不看的見。

走到吧檯邊上，一個看起來應該是老闆的人在那，他出聲招呼了一下。跟他講完我們的需求後，他拿出一張護貝過後 A4 大小髒兮兮的紙張，上頭標示了明確的數量、重量和價錢。

　　我們拿好自己的大麻後，開心地拎著那一小包大麻還有一疊菸紙和幾張濾嘴後，找了個位子坐下來。我的小夥伴迅速開始動作，他說這叫 DIY，叫我看著他怎麼做跟著一起做。首先他將半透明的菸紙放好，再把大麻細細撕開，碎屑鋪在上面，然後拿起那張他稱作濾嘴的小紙片，捲成圓錐狀至於菸紙一處捏住，最後開始捲菸，動作快速又熟練。

　　「你這麼熟練不可能是第一次吧……」我狐疑又傻眼的盯著他問。

　　我笨手笨腳的模仿他做的動作，他都捲好一支菸了，我還在第二個步驟「把大麻鋪在菸紙上」。

　　「我跟你說我是第一次了嗎？」

　　他瞥了我一眼，一臉好笑的點燃剛做好的成品。

　　「那你剛才幹嘛在門口跟我一塊緊張？」

　　「我也是第一次來這種店阿，以前在澳洲都是別人買好好在家，我只要動手就好，怎麼能一樣？」

　　他手上叼著大麻一口接一口的吞雲吐霧，一臉享受，而我還在跟我的 DIY 商品不知從何下手，看起來簡單的幾個步驟，實際做起來怎麼這個手忙腳亂……

「舒服啊！好久沒有這種感覺了……」我親愛的旅伴無視於我求助的眼神，自己玩得很開心。

「你倒是幫一下……」

話還沒說完，老闆就突然晃悠到我們面前，用他那也帶著半迷濛的眼神，搖頭晃腦笑嘻嘻地對我提問：〝Do you need help？〞

真沒想到這個老大個人這麼友善，我一邊感激地答應，一邊瞪了我那沒良心的旅伴一眼，後者則無所謂的聳了聳肩，繼續沉醉在自己的小宇宙裡。

大個一屁股坐在我旁邊，把手中抽一半的大麻遞給我，要我拿好，然後就開始專業的一邊解說一邊捲菸。

〝Is this your first time?〞

〝Yes.〞

〝Why do you want to try this？〞

〝Cus in Asia weed is illegal, so this is the only way I can try it without fearing being handcuffed by the police.〞

我目不轉睛的盯著他熟練的手法，他見我專注的眼神笑了笑說：〝Do you mind give me a kiss after I finish this one for you?〞

〝What?〞

他是認真的嗎？不可能好嗎，我故作友好的笑著搖頭，老闆也不以為意繼續完成手邊那捲大麻。

　　完成後遞給我，手中這捲細長的管子包的紮實、完整，我和老闆道謝，他則是不放棄的對著自己的臉頰曖昧的比劃了一陣。我當然沒能如他的願，三兩句把他打發走了。

　　深吸了一口，那氣味直直下到氣管進到肺裡，不到一秒我就咳的上氣不接下氣。我沒良心的夥伴在一旁哈哈大笑，我不滿的恨了他一眼，他才警覺得過來順順我的背。

　　「誰讓妳第一次吸這麼大一口。」他憋笑。

　　「你也沒說會這麼嗆阿！」

　　我咳了一陣，吞了一口水後終於緩過來了，嘗試著再多抽幾口，一吸一吐好像就沒那麼嗆了。

　　「感覺怎麼樣啊？」沒良心帶著迷濛的眼神問我。

　　「感覺……跟抽菸差不多？」

　　「妳有抽過菸？」挑眉。

　　「是沒有。」

　　「那妳怎麼知道？」又抽了一口：「看著。」他閉上眼睛，手在身上瞎比劃，從嘴到喉嚨然後在肺那轉了好多圈，最後從嘴裡吐出一絲絲煙。

　　「要這樣抽，把它帶到妳的體內，讓它在身體裡跳舞，然

後最後只會剩下一點點殘煙出來。」他高傲的笑是我從沒看過的，那種什麼都藏不住的神態跟平常很不一樣。

「妳再試一下，不然妳抽的都是假菸，浪費啊！ 一支大麻幾個歐元妳忘了啊？」

我在他的細心教導下，再次嘗試，想像把抽進去的煙跟自己合為一體，跳舞吧！ 果然下一秒就咳了，但沒有第一次咳的那麼厲害。

然後一口接著一口，管子的頂端燒出一圈火紅，隨著我每吸一口，它就會閃現漂亮的火光，嘶嘶作響，然後一點一點削短菸紙和裡頭的植物。整個空間瀰漫著舞動的煙圈，狹小昏暗的房間裡，每人指尖的燃點忽明忽滅。我從自己吐出的煙圈看到其他人的，剛進來時那種緊繃的感覺已經不見，忽然覺得房裡幾個面相兇惡的男人也可愛了起來，我搖搖頭不明白自己是怎麼想的，他們明明就看起來一臉隨時可以出發去討債的樣子，然後呵呵笑了起來。

「放鬆了吧！」沒良心用手肘推了我一把。

「啊？」我試著接焦距對到他臉上。「怎麼說？」

「妳不再聳著肩膀了阿！」一臉這還用說的表情。

「你！」我凶狠一吼。

被吼的人著實嚇了一跳，然後一臉不解。

「你！」我再次強調。

「我怎麼？」他立馬和我保持距離。

「你幹嘛老觀察我，說！」我一手架著煙管，另手指著他的鼻子。

沒良心睜大眼，然後慢慢湊到我面前，拿手在我兩眼之間晃了兩輪，然後微笑退回座位上。

「妳醉了。」他豎起大拇指如同法官判案般做出定論。

這人居然完全無視於我的問題，然後還說什麼我醉了，我什麼時候喝的酒，我怎麼不知道。

「說什麼瘋話，我們喝酒了嗎？我們。」

「我說妳嗨了，來來再多抽幾口，妳的煙管要滅了。」他抓著我的手抬到嘴邊，可是是他的嘴邊，吸了一大口，然後回給我。

沒良心現在是不是該改名叫做沒禮貌了，我這個今天剛認識的朋友，嚴格來說應該是旅伴，因為我連他叫什麼都不知道，只是今早在青年旅館起床，剛好碰到新來的房客剛要入住，他一邀請我也沒有什麼可拒絕的便一口答應而已。

這個手上刺了刺青的不知名男孩，「沒禮貌」整一臉沒正經的觀察我的表情。他這麼一說，我才察覺原來這就是嗨的感覺，的確跟醉酒有點相像，輕飄飄的很享受，看什麼都覺得很快樂，意識是清楚的但卻像彈簧一般彈跳，忽上忽下隨時會游離很難控制，不過其實我也不是很想去控制它，因為這樣舒服極了。

「你抽了我３歐，錢拿來。」伸手。

他噗哧笑出聲，「妳這個小氣的女人，大不了我的給妳抽回來。」

「不要，你的那麼短。」撇手。

「什麼叫我的這麼短，妳話說清楚喔！」他一臉惱怒，濃密的眉頭皺到了一起。

我只是在一旁傻笑，不理會他的認真。沒想到他居然真的撇過頭一句話不講了，這麼無聊的笑話都介意阿，真是個小男生，還是說大麻真的會讓人喜形於色，情緒都藏不住？

「好了啦，我錯了還不行？」我伸手搓搓他氣鼓鼓的臉頰。

沒禮貌將臉轉向另一邊，我不放棄的繼續搓，直到他又露出笑顏。像個小朋友一樣阿，我搖搖頭。

「對了，我還不知道你多大？」我對小朋友提問。

「19。」什麼！ 我不敢相信我的耳朵，他看起來不大，可我沒想到他會連二十都不到，十九一個人出來旅行可以啊，現在的小孩越來越大膽獨立了啊⋯⋯

他好笑的看著我吃驚的表情，點燃新的一管大麻，熟練的抽了兩口。

「姐姐。」小聲。

「欸？」疑惑。

「我說，叫姐姐。」命令。

「不要。」堅決。

「好吧！　」妥協。

我們乾脆的結束關於年紀的話題。

隨著第一根菸管的燃盡，我們的飄飄然也到了另一個境界，一搭一唱不知道在聊什麼也聊的熱烈開心，他是一個有趣的小鬼。喝酒的醉跟大麻還有一個明顯的區別，就是速度的問題，大麻只要短短幾分鐘就可以讓你進入微醺最佳的狀態，而酒精耗時長還得喝到撐才有可能見效。

「啪」一聲打開打火機，想燃起第二支煙管。

「還來啊，確定妳還可以？」對面的小鬼詢問。

「我喜歡。」朝他呵呵笑。

我試著將煙管放在火焰上面，可怎麼也連不上一線，然後打火機就突然消失了，抬眼才發現不知道什麼時候被對面的小鬼搶走了。

「幹嘛沒收打火機！？　給我！！」我惱。

「妳不行再抽了。」

「不公平。」

「不行。」

「乖，給姐姐。」

我持續胡鬧，他持續堅持。

最後他也煩了，一手遞到我面前，不是打火機是他的煙管，「給，一口。」

我瞇瞇眼對小鬼揚起嘴角，扶著他的手，張口，吸了一口。

那股跳動的煙燻再次進入體內，我閉起眼，感受它在我體內跳舞，整個人都快樂的像飛起來一樣，此刻我是無敵的，讓我開飛機我也辦的到。輕輕吐盡最後的餘燼，張眼。

迷濛中小鬼放大的臉在面前，我才發現下巴已被他輕輕按住，他的鼻息輕輕掃在我唇上，這是一個什麼訊號，遲鈍的腦子閃現出一個單詞——〝kiss〞。

我什麼時候同意了，這個臭小孩，可他不給我任何掙扎的空間，霸道的將自己的嘴就這樣按了上來，按在我的手指上……

多虧我的手指很機智的在最後一秒，將四片唇瓣分開，「幹嘛親我？」

他摸摸鼻子，無趣的往後倒回椅子上，然後說，「喜歡妳啊！」

「可是我不喜歡你阿！」我回答。

大麻的效應讓我們講話完全沒經過大腦，想到什麼說什麼，

完全的直接，管不住自己的嘴。而大麻也改變了我面對事物的反應，如果是平常我大概嚇得驚慌失措或是心跳不已吧！ 但在這迷離而飄渺的世界裡我只覺得有趣。

「為什麼？」他問。

「沒有原因。」我答。

一陣沉默，兩人看著對方，卻沒有感覺到尷尬。

「那你為什麼喜歡我？」我問。

「沒有原因……」他答。

然後又是一陣沉默，兩個人橫眉豎眼大眼瞪小眼，最後誰也沒憋住開始大笑。像是被點中笑穴一樣，沒完沒了笑個不停，所有畫面都如同膠捲慢動作播放，所有感官都被放大好幾倍，頭腦又昏又脹卻又飄飄欲仙，原來就是這種感覺，笑的淚都出來。後來想想周圍的客人一定看的一頭霧水，但當下完全沒有心思理會旁人。

當我們終於決定離開 coffee shop，小鬼在我前面推開木門，懸吊在樑上的鈴鐺「叮鈴」作響。

「等等。」忘了一件事。

我自逕走到吧檯口，喚了老闆，店裡的主人搖搖晃晃地靠了過來，手裡依然架了根菸管，大個個頭果然高大，我踮起腳。

遠處的小鬼哇哇大叫：「妳願意親他，也不願意親我？」

這才結束了我們飄飄欲仙的一天。

可能最後穿出口看到的景色不盡相同

但在長長的隧道中還是無法忍住擁抱的溫度

幾歲了依然喜歡在看不到盡頭的路上吶喊奔馳自由的快感

催眠／捷克。

　　望的再遠一點，你一定可以陶醉在布拉格中心精緻復古的天際線之中，伏爾塔瓦河流淌著穿過查理士橋向大海的方向急湧而去。你也一定能看見五彩斑斕約翰藍儂牆、高聳入天的聖維特主教堂、煉金術師附著神秘色彩的黃金巷或者宛若一對男女翩翩起舞般跳舞的房子。

　　而那一路，美得令人屏息的景色和美好的一切，都可惜了。

　　情侶關係的普遍公理有證，特殊者例外，融洽度與時間成二次函數曲線圖型。融洽度到達頂點處，時間絕不可能呈現最大值。再接地氣一點的兩種說法就是；一、 小別勝新婚。二、 見少了止不住想念，見多了到不如懷念，要是成天面對面，第三次大戰在所難免。

　　也許和親愛的你一起旅行並沒有我想像中容易，也不如幻想中美好，反而殘忍揭穿了誰都不想看見的試驗結果，猶如酸鹼試紙，藍色紅色一目瞭然，明明白白的告訴你，不適合。

　　然而話說回來，人嘛，都是要長大的。有一天你明白了，愛情可能沒有你想像中那麼美好，它可能根本是人類，或是

說多數人類煩惱和傷心的溫床，多流幾回淚，多給它幾滴水，如果不拿掉器皿，名為傷感的病毒就會在皿中迅速茁壯，簡單的就蓋過了原本的快樂。

然後每天晚上，還是一樣在一處公寓中，我們肩靠著肩站陽台邊上，關上屋裡所有的燈火，好把街上的光亮看的更清晰，五顏六色、閃爍而奪目，整座城市就像是一座大型的摩天輪，我們就坐在上頭，時而清醒時而暈眩。

兩個紅酒杯輕輕一碰發出清脆的聲響，"Cheers！" 我們相視而笑，濃郁的液體順著喉嚨一洩而下，像火一般灼熱炙烈，也是無限美好炫麗的夕照，是愛情苦澀參半的味道。

再一次和你一起醉著享受這片寧靜，眺望地上的燈火和天上的星光，眺望兩人一起完成的夢與真實。

離開了最愛的城市，旅行還繼續著。離開最愛的你，我就沒把握了。

我們可以不用急著尋找答案

事情的答案往往不是一加一等於二這麼明瞭

走著看著 答案就慢慢清晰了

我知道 所以我不煩惱

分化的心瘅癒了 看著眼前的景色

好像什麼都不重要了 沈靜在此

只管盡情旅行 於是一晃間天便黑了

我們騎著腳踏車回家 路燈滅了 腳也痠了

乘著風 凍僵的臉 我想 唯一溫暖的是心

阿爾卑斯山上的少女 / 瑞士。

　　瑞士的少女峰上除了白色還是白色，層層疊疊的雪白，整個世界被純白蓋滿，看不見一點汙點。

　　白色，你想到什麼？是一堆裡黑巧克力顯眼的白巧克力，是早春的百合花，還是腳下一步一步雪白的腳印。

　　白色，是稚子般純潔的愛情，還是清晨時分第一個吻，還是一片虛無的空白？

　　到過阿爾卑斯山頂後，閉上眼腦中一閃，白色，就是這裡的無暇的純白世界。

　　我喜歡從高處望向遠方。

　　在接近雲端的地方眺望，塵世間的是與非，全都將悄悄的融逝在距離之中，世界看起來會更美好。

　　〝I'm the king of the world !!!!!〞

　　我在驚嚇中瞬間摀住右耳保護它的安全，身旁的一個登山裝備齊全的外國男子，突然對著山谷嚎叫，那分貝大到讓本來就已經冷的寒毛直立的毛站的更直了，他的聲音在峽谷

裡打轉，回聲卻一丁點也聽不見，被咆嘯的狂風全打散了。

捲毛男孩叫完轉過頭大方盯著我傻笑，顯然還想再來一次，我被他震的耳膜痛連忙退開，卻被他叫住。

〝Together?〞這是個邀請吧。

他挑著一邊眉，帶著陽光的笑臉問道，而我在經過兩秒鐘的思考後便答應了。

接著我們用不是很流暢的英文溝通，顯然他的母語也不是英文，靠著我們靈活的肢體語言和高超的領悟技巧，我還是順利的知道他要我跟著他做一樣的動作，然後大喊出剛剛震耳欲聾的句子。

他是一個親切的挪威大男孩，言語動作間有著大氣豪爽的感覺，簡單來說就是全身充滿著一股江湖俠氣，說一個西方人如同大俠好像搭不上邊，但他就是給人這樣的感覺。

終年積雪的山脈在我們腳下，交換了一個眼神後，兩個素不相識的陌生人一齊向前衝，全力衝上眼前的小山坡，臉被山上的疾風劃的刺痛，但絲毫不減緩兩人的速度，直至護欄邊倏然停下，對著無盡的山巒與無邊的雪白放聲呼喊。

我們都沒有辜負兩人隨口的承諾，用盡生命的力量大喊，和他說的從靈魂深處喊出來是什麼樣子的，我們不停地喊，兩個人都聲嘶力竭，雙手輔助性的在空中狂舞，就算我們的耳膜都要被對方震破，聲音依舊不停被這片白色世界吞噬。

〝Not bad, ah?〞

我一手撐著腰，另一拳頭落在他手臂上。

〝You crazy girl.〞

挪威男孩笑著舉起手掌，我迎合的拍上，然後一起對著眼前的雪景喘氣。

在高海拔的區域用全身的力氣呼喊需要比較久的時間才能緩過來，他也是喘得不行，不過還是拿出手機對著雪山拍了幾張，我也很想跟進但手機不爭氣，拿出來沒五秒鐘就冷到關機。

我接過他的手機幫他留下幾張阿爾卑斯山凌空跳躍的照片，手機金屬面的背殼很漂亮，吸引我多看了兩眼，銀色鏡面的殼上印有一串文字，雖然看似用英文單字組成但讀出來後卻不明所以，我猜是他國家的語言，挪威語。

我好奇問了他上頭的意思，又是一番交流溝通後，我明白了那段話翻成中文的意思就是——

「你可能不知道自己想要什麼，但你會知道自己不要什麼。」

他說這是他的人生哲學，一句座右銘，然後驕傲地看著我咧嘴一笑。

良久後，他離開了，我還在原地想著那句話，玩味著覺得別有深意。

我認為想要長時間旅行的人，也許部份的原因為的是這個，在認識世界的過程中，也就是認識自己的過程。知道自己不要什麼，然後當機立斷的放手。也許這一時半會兒，我還看不清自己真正想要的，還在追尋怎樣的方向…

我們被放逐到這個世界，都可以看到生命輪迴之前的徘徊和掙扎。

從幾歲開始：「我們從何處來？我們該往哪裡去？」、「活著的意義又是什麼？」這些問題就時不時浮現腦海，多麼哲學的疑問，向別人提出疑問時，也只會換來翻到腦後的白眼而已。

每次才開始絞盡腦汁思考這個問題時，卻又馬上不了了之，因為很多事情紛擾：生活的挑戰、課業工作的壓力、情感的困擾……因為現實人生的際遇迷惑般圍繞，讓人逐漸失去生命的本能，停止了思考，很可能在你還沒思考這個層面的時候，就已經不再問為什麼了。

我們沒有選擇登場的能力，但我們些許能決選擇謝幕的方式。

孑然一身每個人都以相同的方式到來，卻走出不盡相同的人生，我們唯一可以做的是在永恆的睡眠來臨前，想著我們應該做些什麼？

躺在這片雪白裡的人們，都在長眠前完成了什麼？當有一天我們也在風霜中沉沉睡去時，別人會以怎樣的方式想起我們？或是會不會有人想起我們？

站在冰天雪地中，急速冰冷風再次吹醒我的腦子去思考、去摸索。

悟出的那點細微的聲音，不是他的也不是你的，是我一個人的。

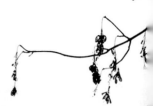

第一次覺得景色美到，任何人進到畫面都會毀了眼
前的和諧

黑暗 光明

動盪 安定

恐懼 希望

睜開眼的天空 風暴式的美麗

Stay young, stay true, stay together.

夢想在三萬英呎之上　241

頓號 / 英國。

　　我對英國的憧憬是源自於從小鍾愛的的兩部作品，一是哈利波特，二是夏洛克．福爾摩斯，光是打出這兩個名字，或是說出來臉部都會出現掩飾不了得喜悅。

　　乘著歐洲之星來到倫敦十字王車站，踏上這片從小最想來到的地方，那種興奮的心情全寫在臉上，而這個城市就和我想的一樣迷人。而這裡講話的口音也同樣迷人，對於英腔腦殘粉之一的我，來到這裡後第一個和我講話的人就讓我聽得入迷，兩眼發直，就連地鐵報站機械式的錄音我也聽了很有感覺，那口性感的英式英文把人迷得神魂顛倒。

攝政街上特殊圓環建築、白金漢宮獨有的皇家氣息、大笨鐘精緻的新哥德式風情、倫敦眼在岸邊上佔了一角和人人都希望它垮下來的倫敦鐵橋等等，走在這樣的街道上本身就是種享受。褐灰色基調的城市中，那抹鮮紅就顯得特別惹眼，火紅的雙層巴士穿梭在美麗的街景中，藍中帶紅，紅中帶藍的國旗高掛各處，衛兵一身艷紅的制服端正而莊重，代表著對王室保有的傳統和尊重，這座城市的美難以用隻字片語形容。

　　嚴謹、繁華、尊貴、優雅……不管是人文還是建築，都透著一抹淡淡的奢華感，人們穿著打扮內斂，注重細節、禮儀優雅，看著街上的人群有種時時再看 T 台走秀的錯覺。

　　日不落帝國將過去和現在完美結合，有著中古世紀和當代建築並存誰也不落其後，有新有舊，不同區域各異其趣，大笨鐘下的王室氣息與 SOHO 截然不同的搖滾龐克，結合在一起讓整座城市生生不息走出獨領風騷的英倫風範。

　　一天的最後我們來到市中心的聖保羅教堂，它以圓形的天頂和巴洛克式的間築風格文明，也是我很喜歡的教堂之一，它不像梵蒂岡內聖彼得大教堂一般步入其內便感到聖光灌頂、也不如米蘭大教堂兩千多個雕像那樣外觀精緻華麗，但它同樣沉靜、莊嚴，厚實的牆體、半圓形的拱門、拱型的穹頂和雄厚的墩柱，千百年來，裏頭的修道士們思索漫步其中，偌大的迴廊走上千遍、萬遍。

　　坐在後排的長椅上，就只是靜靜的坐著，感受時間緩緩流逝，那是種安寧、踏實的節奏，是心跳的節奏，也是生活原本應有的節奏。

旅程進行到這裡，已經將近尾聲，從第一個城市開始，我就沒放過沿途中任何一座教堂，雖然稱不上有宗教信仰，但教堂的存在對旅行者來說是個安定的所在。

　　在歐洲就去教堂，在伊斯蘭教盛行的地方就是清真寺，在亞洲國家就到佛寺去，找一處安寧，靜靜地待著，身和心都可以休息片刻。

　　旅途中的停頓很重要，不間段的遊歷、感受和觀看，心神是會疲憊的，在這個聖潔的的空間裡須臾片刻，就像充電般療癒。跟生活也是一樣的，我們旅行，在某種程度上也是一種停頓、一種出走、一種中斷，逃開原有的生活，讓自己喘口氣。當生活越是混亂，所需要的停頓就越長。

　　後來我們離開聖保羅大教堂，沿街走上千禧橋一邊眺望倫敦鐵橋，英國的冬天雖然沒有瑞士冷，但每口呼出來的氣，還是化成一縷白煙後消散。

　　沒有預警的泰晤士河邊飄起了小雪，橋上的人居然拍手歡呼了起來，我們不自覺的笑了，大家的笑聲傳遍了整座橋、整片河、整個倫敦。

　　⌒我想要自由，於是追求自由，可最後卻回頭渴望被束縛。

但丁有句話說：「地獄最黑暗的所在，保留給那些在道德存亡之際，袖手旁觀的人⋯⋯」

從旅程開始時，就打算在最後一天把剩下的所有零錢，給路過時遇到的遊民們。

當每個瑟縮在街角旁的人們，接過那一點點錢時，他們看向我的眼神，那種難以言喻的神情，嘴上重複說著我聽不懂的謝謝，頻頻點頭，不知怎麼形容那種心底一緊的感覺。

每個光鮮的城市角落，總還是充斥著，這群躲在陰暗處的人們，看著就令人感到無力，一點點的給予可能幫助不了什麼，但還是，

請別忘了這麼做。

信 / 法國。

　　已經習慣在每個地方都寫下一封寄給你的信，在每個城市都有好多話想對你說，我寄出的一封封明信片裡，可能真話假話參半吧！ 想要把最美好的一切都分享給你，所有那些夜半時突如其來的寂寞感，就要自己消化獨自吞食。

　　寫信是一種親密且極其私密的行為，是一種通過話語也替代不了的表達，它能直接將人最深處的真心坦露在陽光下，說話可以輕易騙過人，但如果連書信都寫滿謊言，那就是連自己都不放過了。

　　我一直是個很依賴文字的人，握住筆桿寫信時就好像在和你對話無二，想像著你讀信時的表情，是驚喜的？開心的？還是滿足的？你的種種，我的種種，我們之間透過一張張信紙做為連結。沒有別人只屬於我和你兩個人而已。

　　用最簡單的方式和遙遠的你對話，恩，正確來說應該是'說話'比較恰當，我對你說，你負責聽。但不管怎樣，那對我而言就像是一個出口，你讀著信，不管我飄移到什麼地方你都在那裡，如同旅人眼中那顆指引方向的星星，給人力量。

　　在這個被世人稱作 City of Love 的城市裡，不知道為什麼今

天拿起筆就特別想說完完全全的真話，可能是因為塞納河太過美麗，也可能是因為品嘗巴黎左岸的風光後，心裡特別的平和對自己也特別坦承。審視著自己剛寫好的明信片，來回讀了兩遍。

Dear R,

要好好認真看這封信阿，這應該是我最後一次寫信給你。

也不知道是什麼時候養成這個不良習慣，到每個地方都要寫一封信給你，想和你分享我看到的一切和經歷的種種，我也想過，我所傾訴的一切也許對另一個人來說不具任何意義，而不管你想不想知道，我都想說，這可能是對你的最後一點任性了吧。

　　好像抓住了這最後的稻草一般，死咬著不放，在旅途進行到一半的時候我曾想過，不知道你有沒有想要回信的一天。我在旅途中不斷移動，沒有固定的收信地址，有的時候自己都不知道明天會在哪，而你也一定不知道該寫往何處，所以我永遠也不會知道你的答案，這樣也好，然後我就會自相矛盾的這樣想。

　　今天我是在巴黎聖母院旁的長椅上寫信給你的，巴黎這個地方雖然是花都也是愛之城，美的不像話，但也真的相比其他城市來的複雜和混亂，某些地區我也不敢天黑後獨自前往。我會這樣講就是因為來到巴黎的第二天晚上，因為第一天的順利

膽子稍微大了點，晚上獨自來到聖心院附近的蒙馬特區晃晃，其實不是故意晚上去的，只是那天的天色暗的特別快，走著走著就天黑了。

　　在我還悠悠哉哉地繼續逛著小徑時，一個高大的黑人出現在右側，迅雷不及掩耳的抓住我的手腕，瘋癲的不停地說，我使勁的扯，可是完全沒有幫助，當下我只覺得不會完蛋了吧！？這是劫財還是劫色阿！　腦子一片混亂，才想到我還可以大叫，但街上怎麼一個人都沒有呢？就在我緊張得快哭出來時，對面商店突然有人跑出來大聲喝止，眼前的大個才撒手放人。多虧那間店的老闆正巧要關門我才能脫險。這就是我在巴黎的驚魂，所以我是來告誡一下你，如果之後有機會來巴黎，千萬不要晚

Stay young, stay true, stay together.

上獨自在第十區亂走，就算你是男生也是一樣，記得阿！

　　最後一封信好像不該寫這麼驚恐的場景，應該寫些浪漫的東西，做不來啊我還是算了……

　　還是說回旅行吧！ 這一個月的旅行說長不長說短也不短，在這趟旅程中，經過一個又一個國家。開始的時候我的心中是一片巨大的荒蕪，這片荒蕪的起因是你，而是在我們共有的地方，時間再久我也無法自行治癒，所以我買了一張機票，開始了旅程。

　　我很愚蠢的想透過，不斷的移動和追尋來填補內心那份空虛，可就算到了遠方，那種思念和盼望卻沒有如同預期的消逝，反而刻印的更深了，一吋吋、一分分都隨著回憶融蝕成傷痕。當我發現逃到哪裡都逃不過自己內心的時候，我大哭了一場在瑞士少女峰的山上，冰冷的風雪刮走了我所有流出來的淚水，在那之後我才感覺自己開始一點一滴真正的享受這趟旅程，慢慢的走著，一步一步，把破碎的靈魂拼湊回來。

夢想在三萬英呎之上　　253

而到了最後，當我能寫下最後一封給你的信時，我知道我能夠回家了，所以，寄完這封信後，下一件事就是買回程的機票啦。

　　時間不停的走著，我們也不停的走著，會走到哪裡我也不知道。

　　我不是要和你說再見，而是鬆開手讓沙從指縫流走回到大地，最後祝你一切都好，期待走到再見面的那天。

　　　　R

　Stay young, stay true, stay together.

　　坐在河堤的一角，寫完給你的那封信，突然之間真的很突然的，覺得自己是個很幸福而且幸運的人，就算未來還很遠很未知，但心裡卻依然踏實，沒有什麼不滿足的，因為知足。

　　⌒喜歡走在沒有人認識你的角落，享受一個人，享受孤獨。

　　清空自己的腦袋，放空一下午，不要任何言語交流，拒絕所有訊息干擾，也許我真的是個怪人，反正我覺得這樣很幸福。

Rachel

遠方／台灣。

今天在書中讀到一段話，它是一句法文： La vie eat d'ailleurs！

我不明所以，所以去查了它的意思，翻成中文意思就是「生活就在他方」的意思。

我看著這簡單五個字想了想，真是一點都沒錯，是的，我們總是惦記著遠方，彷彿那個遙遠而遼闊的遠方真的有什麼似的。

每個人都在害怕，日復一日的循環停滯和蹉跎，讓人在一陳不變中漸漸腐朽老去。生活中的各種規範、紀律、準則和限制讓現實顯得更加力不從心。

我們每日都以各種方式在人前展示自己，或將自己放置在一個安全的角落；從別人的眼中看著自己，或是從房中的窗口看向遠方。時時刻刻都在幻想，那個真正的夢，就在那遙遠的地方。

「生活還有沒有其他可能？」

「難道就只能這樣了嗎？」

……

……

這些問題一個個的浮現在心中，我沒有辦法阻止它們出現，所以有天當你和我說，「哪裡都好，只要離開就好……」

我想，我懂的。

無奈我們逃離，想著解脫，想著一段不一樣的人生，無拘無束，真正的生活或許就在某個不知名的所在。

然後我開始追尋，開始出走，瘋狂的出走。每到一個地方總能帶給我一股全新的力量，一種難以言喻的滿足感，就好像兩片拼圖突然發現自己屬於對方一樣，就這樣拼著拼著讓人上癮。

我真心喜歡這樣的日子，但我萬萬沒想到的是，當旅行成為日復一日的事情時，我又開始惦念某個遠方了，起點變成了我的遠方，而嚮往自由、無拘無束的我竟然開始想念那裡了。

當飛機再次高高升起，從一個地方飛往下一個，可能你的出走才剛要開始，可能你的追尋還沒結束，

但我突然明白了再怎麼飛，出走四處為家的日子總還是有結束的一天。

降落時有件事情，是勢必要學會的，那就是在日復一日枯燥的現實中，保有如同以往的動力和衝勁，那才是真正要做好的事，也是生命中的挑戰。

真切地看清了，不管多麼熱愛義大利的熱情、瑞士的純白、法國的浪漫，那些地方再怎麼美好、再怎麼迷人，都不是我追尋的他方，能讓人有歸屬感的永遠只有一個，那就是我最愛的，家鄉。

旅居國外的日子長了，才讓我明白自己原本生活的地方是多麼的棒，多有人情味。

還是一句老話：「總是要到了離開後，才知道原本的一切是多麼美好。」

家就是家，外頭的世界再大、再美、再炫目，我們始終最深愛著的，就是這個家，這個台灣。

喜歡探險、喜歡出走、喜歡這個看不完的世界。

完

國家圖書館出版品預行編目資料

夢想在三萬英呎之上 / 彭瑪喬　著
--初版-- 臺北市：博客思出版事業網：2018.04
ISBN：978-986-95955-3-7(平裝)
1.旅遊 2.歐洲

740.9 　　　　　　　　　　　　　　107001827

生活旅遊 12

夢想在三萬英呎之上

作　　　者：彭瑪喬
編　　　輯：楊容容
美　　　編：塗宇樵
封面設計：塗宇樵
出 版 者：博客思出版事業網
發　　　行：博客思出版事業網
地　　　址：台北市中正區重慶南路1段121號8樓之14
電　　　話：（02）2331-1675 或（02）2311-1691
傳　　　真：（02）2832-6225
E—MAIL：books5w@gmail.com或books5w@yahoo.com.tw
網路書店：http://bookstv.com.tw/
　　　　　　http://store.pchome.com.tw/yesbooks/
　　　　　　博客來網路書店、博客思網路書店、
　　　　　　三民書局、金石堂書店
總 經 銷：聯合發行股份有限公司
電　　　話：（02）2917-8022　　傳 真：（02）2915-7212
劃撥戶名：蘭臺出版社　帳號：18995335
香港代理：香港聯合零售有限公司
地　　　址：香港新界大蒲汀麗路３６號中華商務印刷大樓
　　　　　　C&C Building, ３６,Ting, Lai, Road, Tai,Po, New,Territories
電　　　話：（852）2150-2100　　傳 真：（852）2356-0735
經 銷 商：廈門外圖集團有限公司
地　　　址：廈門市湖里區悅華路８號４樓
電　　　話：86-592-2230177　　傳 真：86-592-5365089
出版日期：2018年04月 初版
定　　　價：新臺幣360元整（平裝）
Ｉ Ｓ Ｂ Ｎ：978-986-95955-3-7